The **Ultimate**
Sudoku
Challenge

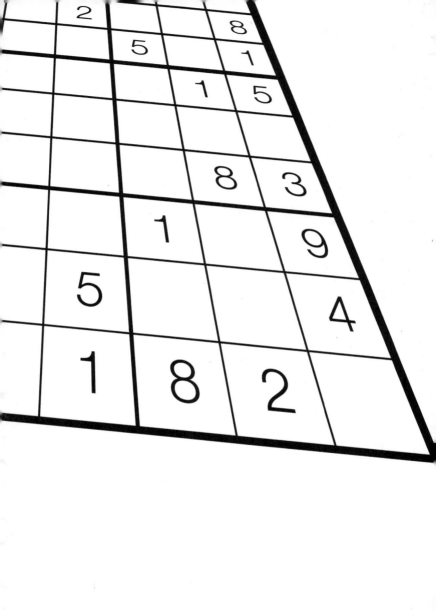

The **Ultimate**
Sudoku
Challenge

WARNING: This book contains 200
of the toughest puzzles!

Sterling Publishing Co., Inc.
New York

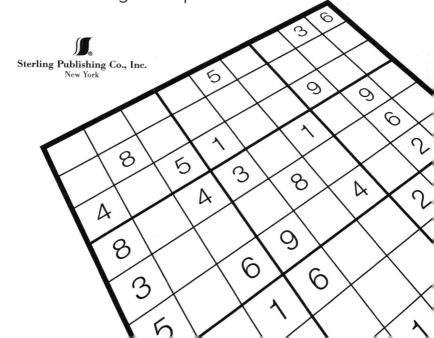

2 3 4 5 6 7 8 9 10

First published in Great Britain in 2005 by
Hamlyn, a division of Octopus Publishing Group Ltd
2-4 Heron Quays, London E14 4JP, England
Copyright © Octopus Publishing Group Ltd 2005
Puzzles copyright © 2005 Puzzler Media Limited 2005

Published in the U.S. in 2006 by Sterling Publishing Co., Inc.
387 Park Avenue South, New York, NY 10016
Distributed in Canada by Sterling Publishing
C/o Canadian Manda Group, 165 Dufferin Street
Toronto, Ontario, Canada M6K 3H6

For information about custom editions, special sales, premium and
corporate purchases, please contact Sterling Special Sales Department
at 800-805-5489 or specialsales@sterlingpub.com.

Manufactured in United States of America

Sterling ISBN 13: 978-1-4027-3649-0
Sterling ISBN 10: 1-4027-3649-5

Contents

Introduction

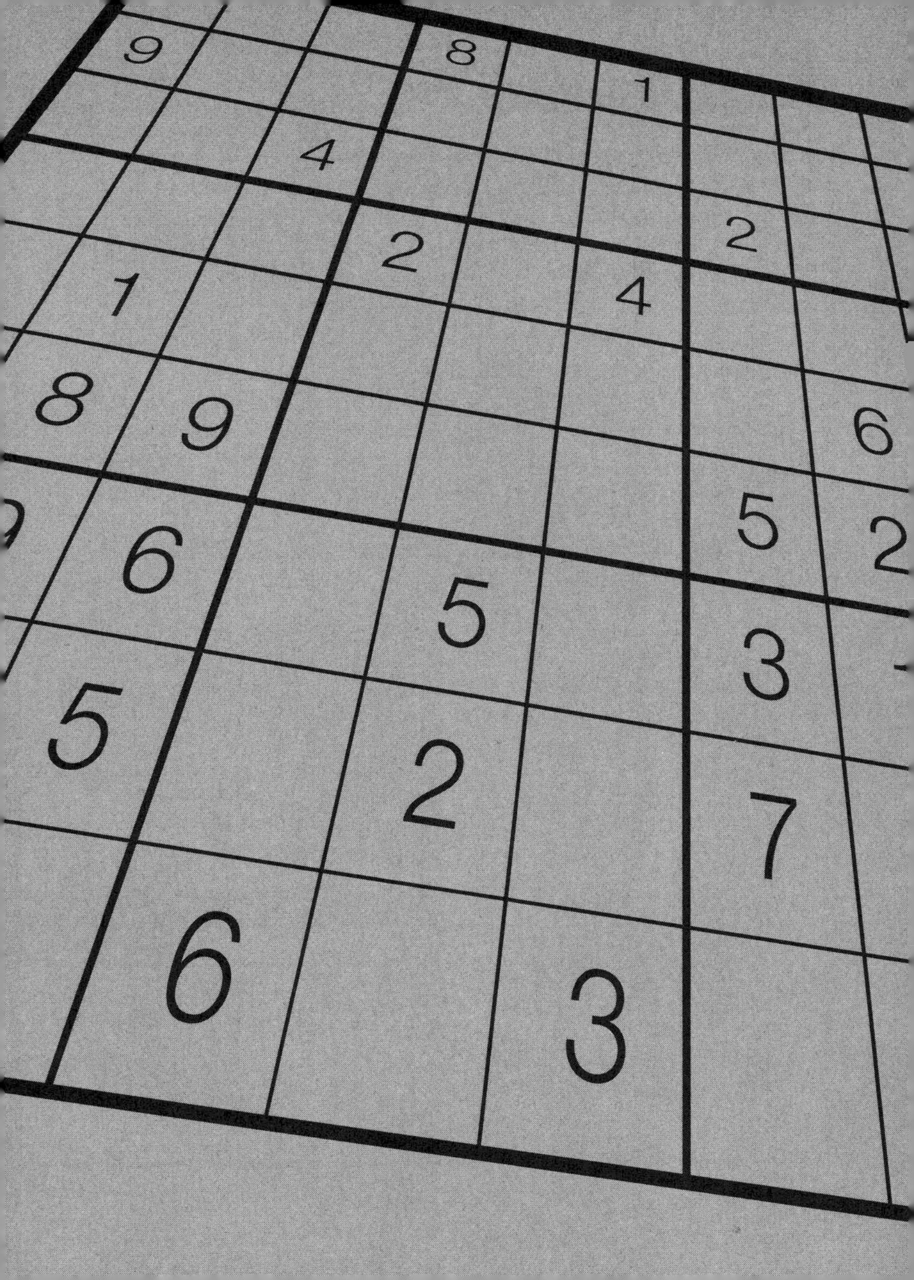

9
8
1
4
2
2
1
4
8
9
6
6
5
2
5
3
5
2
7
6
3

What is sudoku?

Sudoku is a puzzle designed to test logic. Based on a 9 x 9-square grid, each puzzle varies in the level of expertise required to complete it, but the rules are always the same: every row of the grid must contain each of the numbers 1 to 9 only once, as must every column and every box.

Depending on the level of difficulty, some of the squares will have already been filled in before you start (the easier the puzzle, the more numbers are filled in, but rarely more than 30). Furthermore, these numbers are always given in a symmetrical pattern across the grid. All that remains is for you to use your logic to fill in the empty squares.

Terminology

Box: each 3 x 3-square region of the grid.
Column: any of the nine vertical 9-square columns.
Grid: the full 81-square puzzle.
Row: any of the nine horizontal 9-square rows.
Section: any three boxes from left to right or top to bottom.
Square: any of the 81 individual squares in the grid.

For all references, the grid is read from left to right and top to bottom. The top-left box is, therefore, box 1; the bottom-right box is box 9; the top row is row 1; the bottom row is row 9; and so on.

			1		2			
8	7						4	
	3	4	8			9		
		2	1			7	6	
			7		5			
	4	9			8	5		
		5			7	4	2	
	6						3	5
		3		6				

Sudoku or su doku is a Japanese name, *su* meaning "number" and *doku* meaning "single."

The history of sudoku

The exact origins of sudoku are not known, although its popularity in recent years is credited largely to the Japanese publishing house Nikoli, which printed an early version of the puzzle in 1984. Nikoli, however, claims to have taken the idea from an American publication, where a similar puzzle went under the name "Number Place."

In 1986 Nikoli devised new rules for the puzzle, which increased its popularity enormously. The first was that the numbers already present had to form a symmetrical pattern within the grid; the second limited the given numbers to 30. Sudoku is now the most popular logic puzzle in Japan and is catching on fast all over the world.

The huge popularity of these puzzles owes much to the fact that they are not mathematically based but use pure logic. The squares could just as easily be filled with symbols, letters, or colors—the principles would remain the same. Almost all the puzzles can be solved logically, without having to resort to complicated calculations. As a result, their appeal is far-reaching: many people find them positively addictive, while for others they are therapeutic.

In at the deep end

This book is aimed both at people who already enjoy sudoku and at those who have not yet tried it but feel up to the challenge of tackling difficult puzzles straightaway.

All of the puzzles on the following pages are classified as "hard" and, because they were created by an "author," rather than a computer, each one is unique, with individual twists and characteristics.

Even more difficult ...

The last ten puzzles—the megasudokus—are on 25 x 25-square grids and so push your logic skills even further, because there is so much more information in each grid for your brain to analyze and retain.

Basic puzzle-solving hints and tips

As a quick reminder for those who have already mastered sudoku and an introduction for courageous newcomers, the following steps on pages 11–17 demonstrate the logic that lies behind solving sudoku puzzles.

Step 1

The simplest way to start is to take each section of the grid in turn and analyze the three boxes within it.

Look at the highlighted section of this grid. You can see that boxes 5 and 6 both have a 7 in place, but that box 4 does not. By eliminating rows 4 and 5, because they already contain 7s, you can immediately locate where in box 4 the 7 must go as there is only one empty square in row 6.

			1		2			
8	7						4	
	3	4	8			9		
		2	1				7	6
			7		5			
7	4	9				8	5	
		5				7	4	2
	6						3	5
		3		6				

Step 2

Using the same process of elimination, a handful of other numbers can be filled in. For example, look at the highlighted section of the same grid. The presence of a 6 in boxes 7 and 8 means that all but one of the squares in box 9 can be ruled out as the correct place for the remaining 6 in this section.

The same logic can now be applied, looking at vertical sections, to the 6 in box 3 and the 7 in box 7.

			1		2			
8	7					6	4	
	3	4	8			9		
		2	1				7	6
			7		5			
7	4	9				8	5	
		5				7	4	2	6
	6	7						3	5
		3		6				

Step 3

Taking this process one stage further, it is possible to fill in additional squares by analyzing more than one section of the grid at a time. Take a look at the grid as completed so far. The highlighted section shows that both boxes 5 and 8 have a 7, but that the 7 is missing from box 2. Eliminating the squares in columns 4 and 6 leaves two possible positions for the 7 in box 2 (entered as small numbers on the grid). Scanning rows 1, 2, and 3 reveals that row 2 already has a 7 (in box 1), which eliminates one of the possible squares in box 2. There is now only one square for the 7 in box 2.

Step 4

Once you think you have exhausted the number of squares you can complete by analyzing the six sections of the grid, look at each column, row, and box in turn, to see if there are additional squares that can be filled in. It makes sense to choose columns, rows, or boxes that already have lots of squares complete.

For example, look at column 7 of the puzzle. The column is missing the numbers 1, 3, and 8, and has empty squares in box 6 and box 9. Scanning box 9 reveals that it already has a 3, which means that the 3 in column 7 has to go in box 6.

				1		2		
8	7					6	4	
	3	4	8	7		9		
		2	1			7	6	
			7		5	3		
7	4	9			8	5		
		5			7	4	2	6
	6	7				x	3	5
		3		6		x		

Step 5

The same process can be used to fill in other squares. For example, in column 3 the missing numbers are 1, 6, and 8, and there are empty squares in box 1 and box 4. Scanning box 1 reveals that it already has an 8, which means that the 8 in column 3 has to go in box 4. Scanning rows 1 and 2 reveals that there can be only one possible square each for the 1 and 6 in column 3.

		x6		1		2		
8	7	x1				6	4	
	3	4	8	7		9		
		2	1			7	6	
		8	7		5	3		
7	4	9			8	5		
		5			7	4	2	6
	6	7					3	5
		3		6				

Step 6

By returning to each of the methods already outlined, constantly scanning and analyzing the grid as more squares are filled in, you should be able to get very close to completing the puzzle, if not finishing it altogether. Every one of the additional numbers here can be added using simple logic.

As you near completion of the grid, some numbers will be easy to place, while others will be harder, more than one possibly going in a given square. From this point on, it makes sense to note these numbers down in the corners of the squares, as this will help you to solve the puzzle as you progress.

For example, consider row 1 in the grid, where the missing numbers are 3, 4, 5, and 9. The 5 is easily placed by scanning box 1. There are only two missing numbers here, in the top row: the 5 and 9. Column 2 already has a 5,

5	9	6	34	1	34	2	8	7
8	7	1		5		6	4	
2	3	4	8	7	6	9		
3	5	2	1	49	49	7	6	8
6	1	8	7	2	5	3		4
7	4	9	6	3	8	5		
		5			7	4	2	6
	6	7					3	5
		3	5	6				

so there is just one possible square for the 5: in column 1. The 9 must fill the only remaining square in box 1. The 3 and 4 are not so easy to place immediately, however, as either could fill the squares in columns 4 and 6 of row 1. For the time being, they can both be written very small in each box.

The same situation holds for row 4, where the remaining numbers, 4 and 9, can both go in either column 5 or column 6 for the time being.

Step 7

The knowledge that numbers 3 and 4 must be in columns 4 and 6 of row 1 helps to add more numbers to rows 2 and 3 as well. It is obvious that the final two numbers in box 2 must be 2 and 9 (although it is not yet possible to say which goes where). Therefore, the number in row 2, column 9 must be 3, so row 3, column 8 must be the 5 and row 3, column 9 must be the 1.

Caution: Although in simpler forms of sudoku it is possible to use a certain amount of intuition and guesswork, getting the answers right some of the time, in harder versions of these puzzles this approach is likely to lead the unwary into trouble.

5	9	6	34	1	34	2	8	7
8	7	1	29	5	29	6	4	3
2	3	4	8	7	6	9	5	1
3	5	2	1	49	49	7	6	8
6	1	8	7	2	5	3		4
7	4	9	6	3	8	5		
	5				7	4	2	6
	6	7					3	5
		3	5	6				

Step 8

It is possible to reach a stage where it looks as if no more numbers can be filled in. However, having written all the remaining possibilities in the empty squares, you can then go on to use logical deduction to finish the puzzle. Box 8 is the key to completing the grid here. The "small" numbers indicate that there is only one possible square for the 9, which means that any other possible 9s in that box, row, and column can be eliminated. The same is true for the 1.

This decides the numbers 4 and 8 in row 9, thus making it possible to complete the three boxes in this section and, consequently, the remaining squares in the grid.

5	9	6	4	1	3	2	8	7
8	7	1	9	5	2	6	4	3
2	3	4	8	7	6	9	5	1
3	5	2	1	4	9	7	6	8
6	1	8	7	2	5	3	9	4
7	4	9	6	3	8	5	1	2
1	8	5	3	9	7	4	2	6
9	6	7	2	8	4	1	3	5
4	2	3	5	6	1	8	7	9

Too many numbers

It is easy to get overwhelmed when writing possible but not definite numbers in the squares. Even if you keep them small, it can get confusing when there are four or more present. Write the numbers in pencil, so they can be erased as you eliminate them, and try to keep them to a minimum at all times. Don't put them in before it is strictly necessary, and certainly not when there are more than three (preferably two) candidates for any given square.

Take a look at this section from a partially completed grid. Even early in a game, it is possible to narrow down where some of the numbers go. Rows 2 and 3 already contain both a 5 and a 9, so these two numbers are missing from row 1, though it is not yet possible to tell which goes in column 7 and which in column 9. This means that 7 and 8 must belong in columns 7 and 9, and the remaining squares in row 2 must contain the 6 and 1. In addition, in row 3 the number 3 must be in either column 4 or column 5. The same logic can be applied to any three squares in a row, column, or box that contain the exact same three numbers. This is useful when tackling the most challenging puzzles, where it is often more difficult to fill the squares using simple logic. It is a process that helps to keep track of all the missing numbers and eliminate squares that may not be obvious candidates using a more straightforward strategy.

2						59	3	59
9	16	3	2	5	16	78	4	78
5			3	3	9	6	2	1

Megasudokus (25 x 25-square grids)

Even the experienced sudoku solver may find these larger puzzles a bit of a challenge, simply because there are so many numbers to keep track of.

It might help to have a duplicate grid on which to scribble down possibilities and then the numbers you have eliminated. When you have narrowed down the contents of a square to one or two permutations, you can transfer them to the main grid. Guesswork will certainly not work on these puzzles. You may also find that it is easier to photocopy an enlarged version of the grids to work on.

As with other sudoko puzzles, where you start by looking at a three-square section, here it is best to begin with a five-square section. In this example, if you look at the highlighted section (columns 6–10), you can quickly see that boxes 2, 7, 12, and 17 contain the number 11, in columns 10, 9, 8, and 6 respectively, so the 11 in box 22 must be in column 7. (Checking across squares 21–25 narrows its position down to row 22.)

Another easy one to spot is the position of the number 8 in box 5. Checking both vertically and horizontally shows that it must be in row 3, column 21.

Although it is time-consuming, continue to work through the puzzle logically, backtracking to fill in gaps once you have sorted out the squares around them.

When you have filled in all the obvious numbers, it is time to start thinking analytically, which is much more important in the larger grids than the smaller ones. Consider which numbers are needed to fill which boxes, and which columns and rows they must, or are likely to, be in.

Because there are more numbers involved, as the game draws to a conclusion and you are left with two or three possibilities for different squares, with no way of telling logically which number goes where, you may need to start experimenting with possible permutations. For example, if you have certain boxes in a sequence that may contain either of two numbers, pick one and, penciling it in if that helps, work through step by step to see if this permutation is possible. If it isn't, simply try again with the other.

1	2	3	4	5	6	7	8	9	10	11	12	13	14	15	16	17	18	19	20	21	22	23	24	25
		21	17		9						19		15		8		25			5	16			
	22		3		6				11	8				1	7	14		4			12			
11		14	25		18				22	2			17		9		13				24	21		10
15		10	5							11	20	18		21			23		19	3				7
	8			9							12		3					20			25			
			2					10	10					6	11	24	1		7					
5	16	1			12						23				22			20			11	14	25	
						23		16	11	8	17	1		18	10		13							
23			14								16				4		3	19		15		8		22
	12	20										19			16				5			17	21	
	13	22		12		1					21				5		23		6		14		7	20
3			19							4	9	2			8				11				24	
			23							25		20			18		16		2		3			
4				8						18	10	6				22				1				15
	1	7		10		19				11				24	25		15		23			8	17	
	19	3								11				23		25		4		16			20	8
25			16									1				9		11	23		3	4		19
												15	22	10			7	13		18				
	2	17	9								6				14			8				24	22	1
			6							24								19	15	21			23	
	2			14						19					12					21			11	
19		6	13							2	18	23			12			24		10	4			16
20			16	3				14		13			8	6				21			2	23		18
9				14						11					22			8			5			
		25	10		22					3		7			17		9			20	6			

Sudoku puzzles

4	1	9	8	6	7	3	5	2
6	7	2	3	5	9	4	1	8
3	5	8	2	4	1	9	7	6
8	9	3	6	1	5	2	4	7
5	2	7	9	8	4	1	6	3
1	4	6	7	2	3	5	8	9
2	6	1	5	3	8	7	9	4
9	3	4	1	7	6	8	2	5
7	8	5	4	9	2	6	3	1

Sudoku puzzles

2	4	8	3	9	7	5	6	1
5	3	6	4	1	8	9	7	2
7	9	1	6	5	2	8	3	4
4	1	5	7	8	3	2	9	6
3	8	9	1	2	6	4	5	7
6	7	2	9	4	5	1	8	3
1	6	4	8	3	9	7	2	5
9	2	3	5	7	1	6	4	8
8	5	7	2	6	4	3	1	9

						3		4
	3			6		1	9	7
			7	3	2			5
					6	8	5	3
	8	3			5	9	1	6
9	6	5	8	3	1	4	7	2
3	5	6	2	1	9	7	4	8
	7		6	8	4	5	3	9
4	9	8	3	5	7	6	2	1

			2					
	4						8	
				4	1	3	9	7
	2	5			4	6		
		3		7		2		
	8	1			5	9		
				6	2	8	3	4
	3						1	
			1					

			8		1			
9								3
		4				2		
			2		4			
	1						6	
	8	9				5	2	
	9	6		5		3	1	
		5		2		7		
	4		6		3		8	

		3		6		9		
			3		2			
6			5	4	9			2
	9	6				3	8	
5		8				2		6
	3	2				1	7	
8			2	3	4			1
			8		7			
		5		1		8		

Sudoku puzzles

								7
				3	6			
					8	1		6
					7		1	
	6				4		8	2
	4	7	5	8		3		
		1			5	2		
			9	6				1
9		2		1			5	

2		7				4		6
		3	6		8	5		
	7	2	3		4	1	6	
	5		1		9		2	
	8	4	2		5	7	9	
		9	8		2	6		
7		8				9		1

4				8		3		
		1						4
	8		7	4				
		6		7	9			3
2		8	5			9		1
			2				4	
1				9				
					4			6
	9		3	6			5	

Sudoku puzzles

		2		4		6		
		4	7		6	8		
6				5				4
8		9	2		1	5		6
2		5	4		3	9		7
9				2				5
		1	8		4	2		
		7		9		1		

	1		7		2		9	
	6	5				7	8	
	7		6		8		5	
				9				
		8	4		7	6		
		6				9		
5		9	3		4	8		7
		7	9		5	4		

	1	5	3		7	6	9	
6			1		2			8
3		2				5		1
9	2						1	5
7	5						8	3
4		3				1		9
2			9		5			4
	6	9	4		1	8	2	

6	1						5	
						7		
	3	4		8				
3		1		2	8	5		4
	5		4					6
4		7		3	6	9		2
	2	3		4				
						8		
8	4						2	

Sudoku puzzles

				6				
		8	7		1	2		
		4	9		2	6		
	8		5		7		6	
9	4						7	1
	5		4		3		2	
		6	3		4	1		
		5	2		6	7		
				7				

		1				9		
		4	2		8	7		
	7	3				2	8	
7		9				1		3
			6	7	3			
				1				
	6		7		9		4	
		7				3		
2			5		1			9

		3			9			
6		8			7		3	
	2			6				
				8			6	4
8			3		4	2		
	9		2	1				
							7	5
	1		4			6		
				7			9	

				5			3	6
	8							
4		5	1			9		
8		4	3		1		9	
3				8			6	
5		6	9		4		2	
7		1	6			2		
	5							
				1			7	5

						5		
	1				3			
			9	5		1		6
	5	3		8		6	9	
		1		2				
	9	2		7		4	1	
			5	6		8		4
	2				4			
						7		

			3	7	5		6	
						5	3	1
	5			3	9			
	1		5			2	4	6
	7		4			3		
		7		5	6			
	4	5		9			2	7
		6		1			8	

2								5
7			1	8	6			9
5			7	2	8			6
	7	3	5		1	8	4	
	9	5	4		3	7	2	
3			2		9			4
	1						6	

					5	7	9	
2	8	5		6				3
		1		5	9			6
4				1				9
9			4	3		2		
3				7		9	6	1
	2	9	3					

					6	5		
	3		7		1		9	2
9	2			1			7	6
		8	5		7	3		
3	7			9			2	5
5	1		9		2		3	
		2	4					

	3		4		1		8	
1			5		7			3
6	5						1	8
3	1		2		6		9	5
8	7						4	6
5			6		3			1
	6		1		4		5	

Sudoku puzzles

		2	7		4	8		
			8		9			
		1				6		
			2		6			
	6		3		8		9	
7			1		2			4
6		3		8		2		5
1				4				7

						6		
			8	7				
4		5						1
8	5	9		4				
			5		3		6	
7	6			9			8	
5					8	7		
	8		7		2			
2		7	1		9	3		

Sudoku puzzles

			6			3	9	
					3	7	5	1
					7		2	6
		5						3
6			1		9			2
7						5		
8	9		3					
4	6	1	8					
	7	3			2			

3				8	2	9		
						6	2	8
					7			
					9			5
1				7	3			
6		7	8	2				
5	1					2	9	
	6					1		7
	9		2				4	3

5			8		7			2
		8	5		3	6		
	7		6	2	5		3	
4								6
	6		7	1	4		9	
		1	9		6	7		
3			1		2			9

	4						6	
1			6		7			8
		6	4		2	5		
	6	8		4		1	2	
			2	7	1			
	5	1		6		4	7	
		7	8		6	9		
6			3		5			7
	1						3	

			8		4			
	1						8	
9	8	2				3	7	4
		9	5		2	4		
2			3		7			1
	3		2		1		9	
		5	4		6	1		
		8		7		5		

		4		9				
			7	3			9	
9			2					
	9	1						6
6	7					5	2	9
							3	
				4		6		3
	3			7	2			8
			9	8		4	5	

3								8
		6			2	9		
	5	9			8			
				3				
				7	9	2	8	
	8	7	6	2			5	
	6			9				3
				3	1			5
4						8	9	1

				2				5
7		5			3			
	3		4			8	9	
2						9		7
	4			7			6	
6		9						8
	8	6			2		1	
			6			7		4
3				1				

							1	
4					8		9	5
	8			4	1	7		
		7	8		9			
6		2						
		9	1		2			
	5			8	3	6		
1					7		4	9
							7	

						2		7
		7	1	5				
		9	7		4		5	
6	1		5			9		
				4				
9	7		8			4		
		1	3		8		9	
		5	4	9				
						7		2

							9	
			8		1			4
	8			4		7		
1	3	8					4	
			6			2		
		4		7			3	
	5		9		6			
8		9			2	5		
6	2				7			

			4			7		
		4						
6	1	7						9
4		1	9	3				
	9		7		2			
		3		6	4			7
		9	1		6	8	3	
2				8		4		
	3				7	6		

	5							
				4	9		6	7
6		7	8	5				
8			3		5			4
				8		7	3	
5			9		2			8
1		4	7	3				
				9	4		2	1
	9							

	9	2				4	3	
6								5
	3		9		7		1	
		5	6		8	3		
1	6			7			8	4
		8	3		4	5		
	4		1		3		5	
3								9
	8	6				1	4	

	3				7		5	
					3	4		
		4		9			8	
8				5		3	6	
3			1		2			4
	7	2		6				5
	5			2		1		
		7	9					
	8		5				2	

				1		3		9
				5	3	1	4	
						6	7	
	7	1			9	5		
		3		7				2
	5	9	6	4			8	3
		6	2			4		5
	2				5	9	6	

			1		4			
8	6			9			1	7
		5	7		8	3		
		4				5		
1				7				6
		7				2		
		8	9		6	7		
2	3			4			9	5
			3		5			

	9							3
		1			3			2
			6		9		7	
	5	3					6	4
		6	7		5	3		
7	4					5	9	
	7		5		1			
4			3			2		
3							5	

	9	3		1		6	2	
	1	2	5		4	3	8	
		4	9		7	8		
	3						9	
		8	3		1	5		
	7	9	4		6	1	5	
	8	6		5		2	7	

8			6	3	1			7
		1	8		4	6		
	4						3	
1	2		5		3		4	6
4								5
7	6		4		9		8	2
	1						9	
		4	1		6	8		
9			7	4	2			1

					8		9	
		1		2		3		
7			9	1				
	4				3	8		
	9		1	8	2		5	
		8	4				3	
				7	5			2
		6		3		1		
	5		2					

		5	3		4	2		
	6		8		2		4	
2				7				8
5	7						8	2
		8				1		
9	3						5	6
3				9				4
	5		2		6		9	
		7	4		1	3		

			5		4			
2	1		7		9		6	3
			6		8			
7			3	9	1			6
	9						8	
1	5						2	8
3		2				9		4
8		9	4		2	6		1

								5
		7	6			4		
	1			3	2		6	
	7				3			4
		2			7			9
		4	9	5		1		2
	9				8	5		
		3						1
8			1	9	4		3	

3						9		
			9			1		
			3				2	5
	3		6		5			
7	4							
9		8			7	5	3	
8			5					
1				2	3			
4	7	6	8	9				2

	4	9	6		1	2	3	
	1		9		2		6	
		8	2	5	6	9		
2								6
		1	7	9	3	8		
	8		4		7		9	
	2	4	1		9	5	7	

Sudoku puzzles

				7	4			
		9	6				1	
7						8		5
	7			1		9	8	
6	9						2	7
	4	2		5			3	
9		3						6
	6				9	2		
			5	6				

								9
				5	6		2	
	3	6			9	5		
	9			6	4	1	3	
		4		3		9		5
	1			9	5	2	4	
	8	5			7	4		
				8	3		6	
								8

Sudoku puzzles

			5			7		
				2				9
		5		6	9	3		2
6		2						5
	1	7				2	3	
4						9		7
3		4	2	8		5		
9				5				
		8			7			

			3			9		1
		3	9	8	4			
	6	9			2			3
		5				6		
		8	5				9	2
	2			4			7	
					9	1		4
	8		7		3		5	

		5					3	
					1	2		6
				3	5		8	
		7			9		6	
5		2				9		3
	1		3			4		
	5		4	2				
3		9	7					
	2					8		

57

						2		1
8			7	3				
					9		8	3
9	7			2	8			
		2	5					8
3	5			1	7			
					1		3	5
5			3	6				
						4		2

Sudoku puzzles

	6		3	8		9		4
2			9			6	5	
	4		2	1				6
	7			5				
	3		8	9				1
1			6			7	4	
	5		7	4		1		9

							3	
				7	3			4
			5			1		7
	5				2	4		6
	6				7			
	3		9	8			7	
		7	8			9	4	
8					4	7		5
	2	4	7				8	

							2	
				4				
			1	6	2	3	7	4
		5			7			
	1	9				6		
		6	3				5	7
		7		8				6
9		3			4			
		1			6	5		9

			9			5	7	
						8	6	3
		3					2	1
		7	8					
8	9			1				
5					4			8
		1			3	6		
2	4			9				
	7		2	6				

	9		5		7		6	
5		3	8		6	2		7
3		7				4		2
			7		5			
9		5				6		8
4		8	3		2	5		9
	5		6		9		4	

					1	7		
		2			4		6	
		3	9			4		5
3			8		7			4
	8	9		6				
6			5		9			2
		6	7			2		1
		1			2		7	
					6	8		

Sudoku puzzles

		5	7	1				4
	3				8		1	7
8			4		7			3
	7		6	9	3		4	
9			8		1			2
3	9		1				2	
1				7	9	6		

		1		6		5		
	6			9			3	
		3	8		5	6		
5		6				8		3
		8	2		6	4		
	5			2			6	
	7	4				1	2	
	3		9		1		4	

Sudoku puzzles

							9	
	6			9		2		
		9		3		5		8
		5	9					7
	9	4	1		5	6	8	
		2	6					9
		8		6		9		5
	1			4		7		
							6	

					9			
5			3	7		8		
	9			1			3	
		9	1			4		5
4								8
8		3			5	9		
	4			3			2	
		8		6	7			3
			5					

3		1	9			7		
						5	6	
	8		4	3				
4	3	5			8			
		9			2		3	
	1		8	5			4	
2		8		6	1			
	5			4			7	

		7	1		8	6		
				2				
2			6	9	5			3
4		2	3		6	5		1
	3	8				7	6	
5		6	9		4	8		2
6			5	3	2			7
				6				
		5	8		9	3		

2		4				6		1
5		9		1		8		2
			7		5			
7				8				6
	3	5		2		4	8	
4		3				7		8
	9	7				2	5	
			4		8			

				7				
			1		6			
		9				4		
3								9
	4		9		7		1	
2			4		5			8
	3	4		5		6	7	
6		8				3		4
	7	2		6		9	8	

					1			
			7	6	8		9	3
			9			8		
	4	6						5
	9				4		6	
5	8			3				2
		4						7
	2			1				8
	5		8		3	4	2	

		8				9		
			7	4	5			
	9	1	5		7	6	4	
		3		9		5		
	5	6		1		2	3	
3								2
4			2		6			1
			9	7	3			

Sudoku puzzles

		3			7			
							4	2
			4		8	3	6	
	4	1		9		6		
	6						1	
		5		1		8	7	
	1	7	6		2			
3	8							
			5			2		

	9		2		5		1	
		6				4		
	1						9	
4			7		8			5
	2		1	9	4		6	
	5						8	
3				1				2
	4	1				7	3	

9			4		1			2
		5		2		4		
	2	4				3	9	
8			1		5			3
	9						8	
6			3		8			9
	3	8				1	6	
		7		1		9		
5			6		3			7

		3					9	
				2	1			
	4	9			3	8		1
		1	2		9		3	6
			7					
		2	3		4		5	8
	1	4			6	3		2
				4	2			
		8					4	

Sudoku puzzles

9			8		7			1
		7	1		6	5		
	6			9			2	
7	2						3	5
		3				2		
6	8						7	4
	9			5			1	
		4	9		1	6		
3			6		2			8

4								1
		9	1		2	4		
	6		4		7		9	
	9	2	7		4	8	3	
				2				
	3	4	6		5	1	2	
	4		9		8		1	
		5	2		1	3		
1								9

						1	3	
	4				3			2
		1						4
	5						7	
6		7	5					
1	8	9		6				
		5	1	9		4		
4			7		6		5	
	6		2	4				

		4				9		
6		7				8		5
		8				2		
3	9		2		4		1	7
	4		1		9		5	
			7		1			
		2		6		5		
	8			9			3	

Sudoku puzzles

								1
	7			2	1		4	
1	6	5				9		
	2	8	6				9	
			3	9				
	4	9	5				1	
9	5	6				8		
	8			3	6		5	
								4

				7			2	
			4		8	7		
5			2					4
	9					4	5	2
		2		1		3		
6	5	3					1	
1					3			6
		8	6		1			
	3			8				

Sudoku puzzles

				7				
						8	7	
6		7	3			4	1	
	7		2		9		5	1
		6	5		8	7		
1	5		7		3		6	
	1	8			4	2		5
	4	3						
				3				

				2		9		
					5	4	8	6
				6		1		3
1			3	7			4	
		4					9	2
5		6	8					
		3		4	2			8
		8	7		3		6	

	8		4		3		2	
5			2		9			3
		6				4		
7	1			8			5	9
			7		1			
8	3			9			7	4
		3				9		
2			5		6			1
	6		9		7		3	

				4				
	3		5		2		1	
		4	3		1	9		
5	9	6				7	2	4
	4	8				5	3	
3	1	7				6	8	9
		5	7		3	8		
	8		4		6		9	
				8				

Sudoku puzzles

				5	6		9	
			3					6
					4	1		8
	8			6				7
7			1			2		9
9		3				8		
		5		2	3			
8								
	2	7	4	9				

		3						
	4		5	3				
8								7
	9			5		6	4	
	6		2		1			
				9		3		2
			9		8		7	3
			6			8		
		9			2	4		1

Sudoku puzzles

	3						5	
8			6		7			3
9			1		5			4
	4		9		6		3	
		6				2		
	9		5		2		4	
6			7		9			5
3			8		4			2
	2						9	

4				2		3		
					6	7		
	7						6	2
	8		6	4	1		2	
	4				8			3
6		9			5			
8			5					
	6			3	4	1		
		1	8					5

	1						4	
		3				7		
8								6
	7		5		6		2	
			2	4	9			
3								9
				7				
	8	4		2		9	3	
7	9	2	4		3	6	8	1

				4				
	7		5		2		6	
	6	3		7		2	5	
8		9	3		7	5		6
7		6	4		9	8		1
	3	4		8		6	2	
	8		2		5		9	
				3				

			8			4	5	
		5		2		1	6	
					1		2	
			5	8		7	9	
	8						1	
	5	7		4	3			
	7		3					
	6	4		1		9		
	2	1			8			

		6			7			
	1			9		3		
7		4		3			8	
2							6	
6	7	9				2	1	5
	5							3
	3			4		8		1
		2		1			9	
			9			5		

Sudoku puzzles

	2	1				3	6	
			5	3	2			
		9		6		2		
	8	6				7	9	
			2		9			
	3	5				1	4	
		3		1		8		
			8	2	7			
	6	2				4	1	

Sudoku puzzles

			2		4			
3	6						5	2
		5				9		
9			4	1	8			5
		1	9		7	3		
5	1						4	7
	3		1	4	2		8	
6								9

Sudoku puzzles

	4		8	9				2
							1	
	1	7		5		4		
	5		3				2	9
2					9	5		
	7		5				3	4
	2	4		6		9		
							5	
	3		1	2				7

							9	
		7	4		5	1		3
	9						6	5
		1	5		9			
9		6	1					
		5	3		4			
	8						3	9
		3	9		2	4		6
							7	

								2
				9	4	8	1	
		8	7				3	
		3					2	
	1				7	9		
	6			8		7	5	1
	8			2	9			
	3	7	4		1			
2					8			5

		6			4			
		1	9			3		8
		3			6	1		
	2			9	5		1	
3						6		5
	1			3	7		8	
		2			9	4		
		4	7			9		6
		9			1			

Sudoku puzzles

1	7							
			5	3		1		
		3	8				9	
		7					5	
6		4		2		9		1
	2					6		
	6				2	5		
		1		8	9			
							2	6

5		6						
				6	7	3		
				3		8	9	
	2	9		8	4			7
	6							
	5	4		2	6			9
				5		6	3	
				1	8	4		
1		5						

		5		8		2		
	6		1	5	9		3	
8								6
	4		7		5		2	
5	2						4	7
	7		4		8		5	
3								4
	9		5	3	1		8	
		2		6		3		

					6	8	1	
3		1			5	9	2	
		3	4		1			9
2								3
4			5		9	7		
	2	8	1				3		6
	3	5	6					

				2		7		
					8			9
	6		1	3		8		
4	3		7	8				
	7				2		3	
8	1		3	6				
	4		8	7		3		
					4			2
				5		1		

6			4	3	7			2
		3	8		9	4		
	4	5	7		6	3	9	
	3						8	
	9	6	3		5	2	7	
		7	1		8	6		
4			2	6	3			7

			8		2			9
			4		9		1	3
6		8	2	9			3	
			6			8	2	
3		7						
				6		3		
		4	3	2			7	5
2		5					9	

			4					8
						2		
				8		1	3	9
5					4	6		
4		6	5		1	9		2
		2	9					1
3	1	8		7				
		9						
6					5			

					3		8	
4	3		1		2			
	7	3		4		2	6	
2					6			
6	9					4		
		5			1			
1			9		4	7		
9	4		5	2		1		

3				6				2
	8			5				
	2		1		3		7	
4		2	6					
		6	4		8	1		
					9	3		4
	6		8		5		3	
				9			8	
7				4				9

Sudoku puzzles

	1							
5						7	2	9
				3	2	4		
			4	9				
		7	8					3
		5	3			9	8	7
	7	2			4		1	8
	5				3	2		
	4		1	8	3			

				8				
3			1		4			9
		8	7		3	6		
		5	2		9	1		
4		6				8		2
		1	8		6	3		
		2	6		1	4		
5			4		2			8
				7				

Sudoku puzzles

4								1
		5	1	6	7	2		
				3				
	4			5			8	
5	2		8		3		1	4
		8	4		2	5		
1		4				7		6
	6						5	
		3	5		6	1		

					3			
	3			4		8		
		2	1	6			3	
		8	6					5
				2		7	8	
	6		8		7	9		
					4	3		
1			9				6	
8	9							

			1		5			
6	5						3	2
		4				5		
2			4		6			9
	1		7		3		5	
3			8		9			4
		7				2		
1	4						9	5
			2		8			

					5			
	3	9		2				
4	1	7		9				
	2		1				7	
1	9		3		4		5	8
	4				8		9	
				3		1	6	4
				4		5	8	
			5					

		9	5		4	3		
8								2
		4				7		
			6					
4	3						9	8
	8			5			1	
1			9		7			5
	4		8		6		7	
		8		3		9		

			6		7			
3		7				9		2
		1		3		8		
	7	4	2		1	3	9	
	9	8	5		3	1	7	
		2		1		4		
8		5				7		1
			4		5			

1				5		3		
	6			7		8		
							9	
			9				1	
9	2				1	7		
				8		9		4
4	9			1	7			3
		5	6					8
					4	5	7	

3					1			
			7			5		
			8	9		1	3	
			4					1
	6	3				7		
1					9	6	2	
	7			2				
5		9		4				
4	2		9					8

			1		4			
5		6				8		4
			3		8			
			6		5			
	5						4	
4			7		9			2
	6						2	
2	1						8	5
8	4	7				9	3	1

	3			8				
	5					1		4
		9	1				5	
1		6			3	5		
	4	3			1			
2		5			4	7		
		8	2				9	
	6					3		5
	7			9				

Sudoku puzzles

			2				3	
9		2			5			7
	7		9	6				
		8		5			9	
					1	3		
	1					8		5
1	3				8		4	
		7	6			9		
2		9					7	

					1		8	
					2	4		7
5	9			7			6	
	6						7	3
						5		
3		4						
8	4	9	5					
		3			8	9		
		2	7			1		

Sudoku puzzles

			9			6		
		6						4
5	4		7					
					5	1	6	9
6		1	4		3	2		8
2	9	5	1					
					8		1	6
4						3		
		7			9			

			1		9			
1	5						4	9
	9	3		8		7	1	
		5	2		7	1		
	2						7	
		4	9		3	8		
	1	9		2		4	6	
8	4						5	7
			4		6			

Sudoku puzzles

							9	
				5	3			8
3	9	5		8				
		7	5				8	
9	6						2	4
	1				4	6		
				2		7	4	9
6			8	7				
	7							

		9						
	8						2	7
5	2		4					3
	5			9	8			6
	1		2		5		7	
2			3	1			5	
8					7		6	2
1	6						8	
						9		

Sudoku puzzles

	8						4	
9			8		4			6
	5	3	6		9	2	8	
			9		2			
7		6				9		8
			7		6			
	4	7	3		8	5	6	
3			2		7			4
	2						9	

	9	6	1	8				
	2	4	9		5			
			4	2		7		
4					8		5	
	1				9	4	3	
8	6					9	7	
	4	1	2			6	8	
		2		6				

Sudoku puzzles

		1		2				
			4			7		5
3					6	1		
	5		6	8			9	
6			9					4
		9			4	3	5	
	4	8			9			
			3		8			
	1			7				

						7		
			5	9	1			
9		6			7	5	4	
		9	3	1		8		5
		3						
		5	4	7		9		2
5		8			6	3	9	
			7	2	3			
						4		

2								5
5				8	9			4
	4						7	
6					2	9	5	
			1		3			
	2	1	9					8
	7						9	
1			5	3				7
8								3

2								6
			3		9			
5	7			8			4	2
				6				
3	6						7	4
	8		7		5		6	
			1		8			
	1	4		3		6	9	
	2						3	

		6	3	9	2	5		
		2	5		1	3		
	1						2	
5			1		6			7
4			8		3			6
	3						1	
		4	2		7	8		
		8	6	3	5	4		

Sudoku puzzles

2			4		1			6
		7				8		
	8		9		7		4	
1		9				2		5
3		5				4		8
	5		1		6		2	
		2				1		
7			8		9			3

Sudoku puzzles

1					7				6
	3							7	
		7	1			5	4		
2	7		5			8		1	3
		8	6			7	5		
	5							8	
		3	2			6	9		
7		1	4			9	3		2

			8					6
	7	9			1			3
	1	8		2	9		5	
			7	1			8	
					4			7
			2	9			4	
	3	2		7	8		6	
	4	1			2			8
			5					2

			5		2			
		2	9	8	6	1		
6		7				9		2
	9	5				7	3	
3								9
	7	4				6	1	
4		9				8		3
		3	8	4	7	5		
			3		9			

	4				7	1		
8				2	9			
7		3		8				
				4		5		6
		9					7	8
				7		9		4
3		4		5				
5				3	8			
	7				2	4		

Sudoku puzzles

6					1			
	7					9		
		1		5		6	4	
		4			7			9
	6			2		4		
2	5	9						
8		2	1		6	7		
5			2	7			8	
	1	7	8					3

9								7
			2		5			
				6				
		6	1		4	9		
		5		8		6		
1	2						7	8
	8						9	
4			8		1			2
	3	7				8	5	

				7				
		1	3		6	7		
	6		9		5		8	
	3	8				4	6	
1				3				8
	7	4				1	2	
	2		1		7		4	
		3	4		2	8		
				5				

1			8				6	
					3			1
		4		6		8	9	
2			5		8		4	
		1			2			
3			9		6		5	
		5		8		6	2	
					4			7
9			6				8	

Sudoku puzzles

				3				
			2		6	4	9	
9	2	8				5		
		2	6					
	4	3				1	6	
					1	3		
		1				2	7	8
	9	4	8		2			
			5					

			9		1		2	3
7	5		9		1		2	3
8			4		5			7
		8	2		7	9		
3		7		1		5		2
		1	6		4	3		
1			5		2			9
2	3		1		8		5	4

Sudoku puzzles

							1	
	9				1	6		7
			4				9	
							8	
1	3							
2	8	6	3			9		
3	7	2	8					
		9	1	6			7	
		1	2	3				

				5				
6	1			8			7	5
	7		4		6		9	
	9	1				7	4	
5								9
	4	8				3	5	
	5		8		4		1	
1	8			9			2	7
				7				

	2						3	
		8	9			6		4
		3	2			7	9	
				3		8		
	8		4		2		7	
		5		9				
	3	6			4	1		
9		7			8	2		
	5						8	

		6						
	3		2					
4		5		9			1	
	8		7			5	6	
		7			8	4	2	
				6	5		9	
			4	7				9
		4	6	2	1		8	
						6		

				8			2	
			1			8		4
	8	9	5				7	
3	4							
		6	2					3
				3		2	1	
	2	4		1		3		
	1	8			2	7		
6					5			

		2			4	1		
							8	9
1			7	6			4	
		3						7
		1			6	9		
8				5			6	
4				2				5
	2	6			8			
	1		5			6		2

Sudoku puzzles

	4	2						
7					1	8		
			2					9
	1	5		3	6		8	
3						1		
	2	4		9	5		3	
			6					4
5					2	9		
	7	9						

	8						9	
3			2		9			8
1				3				5
			1		6			
	3						2	
		2	4		3	8		
6		7				2		4
			7		5			
4		3				5		7

		5						
			3	4		1		
	9		1		7			2
	8	7	9				2	6
	3		6					
	1	9	2				8	3
	6		7		1			4
			4	8		6		
		1						

4		3						
2	1		7			9		
		6					3	
			8					
3	6	2	5					
	8			3	4		5	
		5		1		4		2
8			4	5			9	
	3			9			8	6

Sudoku puzzles

				1	2			
			4			8		
			8				4	3
	2	5		4				8
6			5		8	9		
7				9		4		5
	9			8	4		7	
		7				6		
		3	1		9			

1	2							
		7	1			2		
	9	5				8	7	
				6		3		
2	7		4		5			9
				7		4		
	4	1				7	8	
		6	2			9		
3	5							

						4		
1							6	
6	7	8		9				3
7		9		8	2			
	2		3		5	6		
		5		1				
			1		4	9		
	3			6		1		
					3	7	8	

Sudoku puzzles

		4	3					
	5	6	2					
1				9	7			8
				7		6		5
			8		1			
				2		3		7
7				8	3			2
	1	8	7					
		2	9					

Sudoku puzzles

			4	8	1			
			2	3	9			
1								4
	8	6				3	7	
	9	4	3	7	8	2	1	
	4						6	
		2	9		3	1		
3				5				7

	6							1
1			7				9	
7	9		4			8		
3	8	2			7			
			9	4				6
6	4	9			5			
9	7		2			6		
2			8				7	
	5							9

			7	8	4			
			6		9			
6								9
		5				9		
		3				4		
2			9	1	6			7
8								1
	3	1		4		2	6	
		2	1		8	7		

			3	9				
		2		1				3
	4					6		5
1				5	4			
5	2		7				4	1
			1					
		8						6
				4			5	9
	6	5		3		8	1	

			1		6			
				4				
	8			2			6	
	9						3	
6								1
7	4						8	5
		9	4		7	5		
	7	5	2	3	8	6	9	
4			5		9			3

		8	2		5	3		
			4	1	7			
9		4	7		3	2		1
	2		5		1		3	
		7	1		9	4		
5		2	3	4	8	1		9

Sudoku puzzles

				7				
	5		2				1	
2		4	6	5				
		6				3	8	1
	3		1				2	
		2				5	4	7
1		8	9	2				
	9		4				7	
				8				

		3		1				4
		6						7
2	7					5		
					2	1		8
6					8			
			1	3		4		9
		7	9		3		8	
						7		5
8	1		7		5		3	

	6	1					5	
2	7		8	5				
				8				
	5		2		7	9		
	9	2		4		8		
6			9				8	
			5	3		2	6	
7		4				5		

				5				
2	7						6	9
	1		2		9		4	
	9	2		4		1	5	
1								8
	8	5		1		7	2	
	5		1		7		3	
3	2						7	5
				6				

	4	8				6	2	
6		7		9		5		4
		9				4		
3			9		2			1
			4		8			
		5	8	6	7	9		
	6		3		9		5	

Sudoku puzzles

4			7					
		6		3			2	
9						4	3	
		9	6	2				8
			4	7		9		2
		7	8	1				6
2						5	6	
		1		6			8	
8			3					

Sudoku puzzles

						5		
	7	5		8				
6	4				2			8
		7			6		8	5
		1	3		7			6
		6			5		2	7
2	5				3			9
	6	3		4				
						4		

	7	9	8		2	1	6	
	6			3			7	
	8	7	6		9	5	3	
			5		7			
		6				7		
1	5						2	8
7		3		5		6		1

		8	3	5			6	
							1	
2		9		1		5		
8								6
7		1		2				
							8	2
		4						
5	6				2			9
			7		4		3	

					9	4		
			6	4				
			1		3	2	5	
		1				9	2	3
3		5				7		6
6	9	7				8		
	1	3	4		2			
				6	7			
		4	8					

							8	
		4	8			9		1
	3		5					
	2	6				7		
				5	3		2	
				9		8	6	3
	4		9		6			
6				2	4			5
	9				5		4	

	5						9	
		4				8		
9		1				5		3
		5	9		4	6		
	6			5			4	
			2		3			
				9				
		8				3		
2		3	4	7	8	9		5

	1		3		6		9	7
		3		7		4	6	
5			7	3				4
	7	9						
1			6	8				2
		6		5		8	4	
	4		1		3		2	6

4				2				
	9				3		1	
			4		6	9		3
1						2		
8		7				6		9
		9						8
6		8	9		2			
	3		7				9	
				1				7

Sudoku puzzles

		9						
	3			1	9		5	
			4	3		1	8	
7				8	3		4	
	1	6						
4				2	7		9	
			9	5		2	6	
	5			4	8		1	
		1						

5			1				8	
9						4		
			7			9	1	2
		4	9			2		
				5				
		2			7	1		
8	3	7			4			
		5						1
	9				8			3

Sudoku puzzles

	7	3	4		2	8	9	
			3		1			
		2				3		
	9	7				6	8	
	8		1		9		2	
		8				5		
7			8		6			3
4			5		7			8

			3		8			
	9	3		6		7	8	
		2		5		9		
		9		2		6		
	3						1	
		6	8		2	5		
9			4		6			7
	8	7				4	6	

			5	3	4		9	
		6				2	5	4
3				5	7			
	5	7				1		6
6				2	3			
		8				4	1	9
			4	8	5		7	

		6				8		
1								4
			9		4			
	1		7		8		3	
			1	4	3			
		3				5		
2			3		7			9
	7	4	8		9	2	5	
	3						7	

			8	4	1			
7								4
	6	4				3	1	
		3		8		7		
2			3		5			9
		5		2		6		
	9	7				4	3	
5								7
			7	3	6			

		1	5		9	3		
5		6	1		4	9		7
9		3	6		2	1		5
1		5	7		3	6		4
7		9	2		6	5		8
		8	9		1	7		

Sudoku puzzles

			7					
9	2		7					3
	3		5	6	2			7
3						6	7	
			8	1	6			
5						9	1	
	1		3	7	5			9
6	7		1					4

Megasudoku puzzles

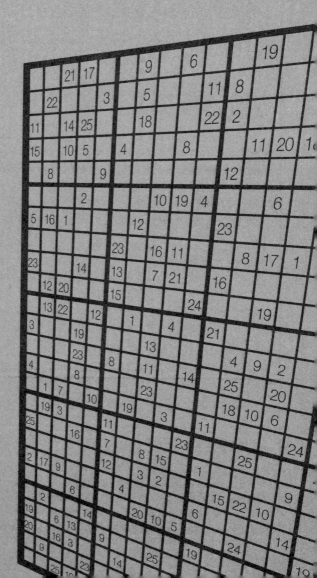

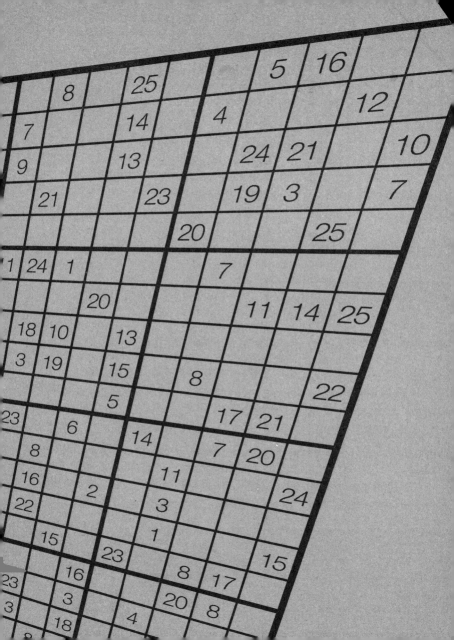

1

7			14			19			2			15			13			16				10		5
	11			14		15		4	10		18	20			21		17						16	
		12		25			18	16		21	6	9	2	5			22		7					9
22		21			24		25	3					7	6		14			2		12			9
		6		23			13				19					17		3				2		24
	18			20	22			2				6						25	10				14	
16			25		13	5		11	19			9		17	20		15	6		22				8
	22			7			18				25				23			16				3		
		4	6			23		24		3	22		14	10		9		11			5	18		
13		2	5			15			8						24		9	1			7	21		12
	3			15			12		25				2		11				18			13		
	4	20			7			10			14		11		23			22			16	17		
10		1			3	23				7					13	9				12			2	
	17	25		9			22			5		1			12			2			23	15		
	21			19				5		23				8		1			14			20		
12		22	2			21			1					9			23			3	15			19
	11	18			12		17		20	1		4	14		25		10			21	5			
	7			5			2			3					16			13			12			14
3			1		10	7		13	9			16			15	19		5	12		18			14
	14			6	16				18		24					17	1				8			
		3		2		22			18				6			19			24		10			
23			12			18		9	7					5	17			21		2				3
		19		24			16	21		25	22	15			14	4				5		6		
	15				23		14		7	16			10	21		2		18					22	
5			13			10				12				19			3		8			9		7

Megasudoku puzzles

1	2	3	4	5	6	7	8	9	10	11	12	13	14	15	16	17	18	19	20	21	22	23	24	25
24	21	9		17				1	2	14		22	6	4				23		15	20	18		
7			14		5	25	9						1	16	17		13					19		
3		17	2		16			20	5		23	15		18			1	12		25				
	22	23		14	18	20		6		17		13		10		2	7	19		21	24			
20			22		7			9			21			25	11			15						
	7		18	1	4		12		25			16		20		19	17	23		22				
	23	25	16			17		1	10	3	4		15			21	6	5						
	1			24		5	25		6	18		12	4		14			13						
10			15			11	12			13		9			18			2						
6		14		23	16	18		20		8	10		2		3	5	15		13		9			
9		24	3			15	10		11	12	17	19		13	7			4	22		5			
13		15	11			19	14		21	3	5	2		25	8			7	10		20			
25		22		24	21	3		2		20	15		16		19	10	18		8		23			
18			17				15		7			8		5			19			10				
	4			25		1	23		18	6		7	12		11				16					
	13	10	6		8			4	11	25	1			20		24	9	21						
	5		20	11	14		7		16			12		17		4	22	3		1				
19			21		9			22			20			3	17			6						
	18	20		2	15	6		3		23	8		19		13	24	14		25	11				
16		11	4			21		5	24	2	7			9		6	19		13					
14			5		1	13	4					7	25	16		12			17					
12	24	1		8				18	19	16	20	11	15				4		23	2	3			

3

	16		4	17					9	15		21	5	3	24				14	23				
		19	24		22		7	13	3		12								8	18				1
11	15						6	1		16						22	4							
3	22		8		5	23			18				2			9	21		17				16	13
					24	25		2		4		1	19	12									6	7
		21	7						18			5	13	4	20	16			8	10				
		3	11			8	10			4		2	23	22				12	25		5			
13				2		14	25			11			7		15	5								
14			5	6	17					21		25			8	19		16			11	22		
17		20	1	9	15	12		16	10		3		8	13							21	19		
4			2	16	19				22	11			12	3				25	15					
	21			15			12			10		14			11		6			23			1	9
15		1				3		11			2			18		13					7			10
6	7		25		14		8		13		16			4				23					20	
			19	18				4	21			20	14			24	1	3						8
	18	7						24	1		5		3	17		25	12	9	4	6				16
	25	24		8		1	21			2		6					18	22	11					15
						12	4		3		9				13	1		20						23
	6		5	21			22	17	8			18					16	23			7	2		
		16	10			9	13	20	7	14			4							22	8			
12	2						20	10	25				5		17		1	8						
24	5		10		17	8			19			22			16	5	2	3		16			12	6
					25	11						23			16	5							4	14
18		6	17							15		4			21	9		7		23	3			
		11	14				5	23	15	6		18	19							9	13		25	

Megasudoku puzzles

	1				15			7		4		12		23		2			25				3	
21	15	7					1		3		16		13									23	11	9
	14			13		5				8		22		1				16		24			10	
			5	12		19				6		2						1		21	25			
		20	9	18		3	17	22				25				4	7	6		5	8	15		
17			25					5				8							9					19
	12	6	3		15	10	9								14	4	24			2	11	7		
			1		24				23	13	12			19	2	22			15	16			
2			9		7			19				1			25			17		6				12
	23					5			3	9			24			16	21		11				1	
5		8			10			24		21	18		20		17	12		22		6		14		23
	19		7			25						11		6		14						3		2	
6		14		4				20	9	25			3	11	13					18		1		7
	2		12			16						1		15		10				17		9		
3		1			23			4			22	10		8		5	18		17		21	20		11
	4							9			7	22		17		21	1		23					15
16			21		6			23				10			11		13		19					3
			2		8				11	3	24			1	4	14	12		9				
		15	25	14				2	13	10				9	19	7			12	16	4		
19				5					23				11						17					2
	18	2	17			10	14	12				13			6	20	9		15	1	8		
		14	6		1						2		7				3		22	10			
	22		19		20					17			18		24		10		4			21	
11	24	3				19					21		9		25							17	12	5
	7		21			25				11		3		14		1			16				6	

Megasudoku puzzles

5

8	18	16				10	23	6	19				25	3	12	22					14	2	11	
			10	25	20					9	22	1					17	24	23					16
24					1	3	22						2	5	6									16
	23	6	7					15	13	20		14	8	18						17	9	22		
				12	2	4					5					1	21	15					5	12
23	25					21	14	19					8	15	7					11	10	6		
		1	21	13					2	8	3	16	5				21	16	24					
			23	18	12										21	16	24							
2	4	17						20	10	24		7	23	3								19	9	14
		11	18	5							1	6	13						19	8	2			
7	17					25	5	10					24	9	23								4	2
	22	2	16						14	3	11		5	9	10					17	6	25		
		1	12	22							7					13	5	18						
	11	23	9					18	6	22		8	2	14						10	19	3		
14	10					16	20	17					1	12	21								7	5
	4	1	21						3	12	6						8	9	22					
15	2	3					12	16	17			20	4	11						8	23	25		
			11	6	1											18	9	25						
	13	22	8						9	23	25	2	14							7	18	20		
18	14					13	19	3					5	23	16								21	1
			11	3	9							23						7	1	13				
	22	8	13						24	7	4		12	21	16					20	11	17		
1						5	23	2					9	3	22									21
		15	6	10						24	11	22							14	25	12			
5	16	12				11	13	8	20				19	6	18	24					2	14	3

Megasudoku puzzles

1	2	3	4	5	6	7	8	9	10	11	12	13	14	15	16	17	18	19	20	21	22	23	24	25
			20			8			12	6	11	1	4			3	9							
	15		24	4		7	6				23					20				19	14	2		
			3			18			13	25		9			2		6			15			16	
13	19	21	7	9	25	2				16					14	12			5	8	18	23		
			2					11				3				22			1					
	10		1		20		5	16			11	25			7	8	19	14	13	4	3			
			8					4				2	14			12					18			18
11	24	3			13		15		9		21		12		6		16						10	1
	2				14	24			3						18			25			5	6		
		23				6	2	12	1	17	7	3			9	13				24				8
		16	23						25						13	7		1						3
12				7	17			10			23		19	5	24			15			22	25	4	
9					18			2					16		4					11		21		14
3	17	13			9							14	18	21	6		4			19	10			11
6			21		1	13										2				12	7			
5		15					23	22				17	20	13	1	6	11	4			21			
	9	4			14				7						16			20	2			19		
1	8				11			20			15			6	3		17		9			13	4	7
7					1						3	2			12						18			
		20	17	2	8	21	6	10				4	5			14	24		15		25		22	
					9					11						12	3				6			
	4	1	14		10			5	8				16					17	23	21	20	24	9	13
	7		9		16				1			18				17	20		5		2			
	25	2	13				17					6					19	21		4		10		14
					3	11				12	22	1	7	10				25			17			

Megasudoku puzzles

22	24	23						3	9	17		10		2		16	12	1						
18		10		5	6	15					14	21	1		20		2				4	24	19	
21	13	1		2		14		4	24	22					23	3	6					12	10	21
			7	13	19		3		1		2	25	11		5		13	8	17					
4	20	11						10	23	18		15			5									
15		16		19	14	22					17	8	20		25		23		11	2	6			
9	3	7		14		11		5	8	6					16	19	2		21		1			
			22	3	25		17		2		5	11	1				13	20	7					
25	2				19	20	13		21		16			22	17	6								
	10		13	8	21				24	20	12		18		5			16	19	22				
5	4		6		25		1	7	24					23	21	9		11		14				18
		22	25	9		5		21		15	16	3				10	2	19		6				
3				6	10	14		25		21		4	5	7				22						
13		2	9	21				12	11	18		25		14			22	3	8					
11		14		10		18	23	13				6	17	12		24		25		20	15			
	4	5	3		14		15		25	17	12						21	18	6		2			
			24	7	23		22		18		4	17	20								3	11		
	8	21	16				1	7	15		23		3		14	11	22							
9		12		6	2	20				3	22	15		4		25		17	21	10				
7	22	17		10		21		1	8	20				25	6	4		24		5				
		15	23	18		6		24		16	13	7					1	12	8					
23	13	25				17	4	10		5		19		3	18	8								
14		10		11	4	12				25	20	13		2		9		7	5	15				
8	19	6		15		21		11	5	17				10	22	20		9		4				
		16	1	10		25		18		14	12	22					17	11	13					

1	2	3	4	5	6	7	8	9	10	11	12	13	14	15	16	17	18	19	20	21	22	23	24	25
22			12			20			14			13			24			23			17			2
	8	5		7	25		22	2		21	6			19	16		20	9		4	11		12	24
	1			13			4				7			24				16			11			10
15			21	16		17			24	18			5		2	8		10		4	9			7
	19			14		16		6				18		2	17		22			21		15		5
	13	6		24	7		12	3		22	15		18	4		21	8		23	1		5	20	
1			22		23			5		12					7		18				13			6
	12	15		3	2		8	21		16	23		20	25		10	5		19	22		18	14	
	23			2		1		25		6		8		9	14		20		16		4		7	
10			17	8		4			19	11			1		22	3		6			16	25		24
	10			14		24				19		3				13		22				18		
	4	22		11	8		13	18		20	16		10	5		1	2		17	7		6	12	
16			8			15		22	4	13			18		7	20	19		12			24		21
	25	2		18	11		16	23		9	24		1	22		7	10		14	8		19	4	
	20				12		21			4			25			6				15			2	
19			18	20		10			14	22			16		4	24		8			23	12		15
	6			4			24			5				11		13		10		14	20		2	22
	15	10		13	17		18	16		19	14		22	24		25	12		3	21		4	8	
5			11			25			2			10			6			13			19			14
	24	21		14	20		19	13		12	2		23	17		5	7		18	6		10	9	
	7		24		4		17		21		10		14		1		18		8		3		6	
6			25	4		13			12	7			3		16	23		14			17	18		5
	18			22			1			20			17				24		5				16	
	14	16		12	3		20	10		6	22		15	8		4	17		2	24		25	13	
3			10			5			24			11			21			20			7			23

C1	C2	C3	C4	C5	C6	C7	C8	C9	C10	C11	C12	C13	C14	C15	C16	C17	C18	C19	C20	C21	C22	C23	C24	C25
8				21	15		6		19		1		11		4		14	3						22
	18	24	22	19		4			7		2		8			1	12			21	14	9		
	21	23	13		10			1	14	3	22		5			11					20	12	25	
	15	1	20		18			13	24	4	16		19			2					7	23	17	
				17					24	11	12		5		15	13	18			16				
13	17		3		19	20	5			6					23	16	24			25		12	14	
2		5			25	6				19	7	21				3	11				17		20	
	6				16	13		3	9		1	8	4		2	10		7	24			15		
21			4	10	8		15			12			9			23			6		14	11	3	7
		18	1	20		7			3		10			25		15				4	13	6		
14	4						8	20		3	11	19			1	12							18	23
	13	8			22	14				24	20				18	17			11	7		19	9	
11					6	12	7	3			17				23	13		4	8	15	20	14	16	21
			3	9		12	6		5	22			10	21			13	18			8	15		
22	25				7	4				16	15	9			17	3							5	13
	21	17	6			8				15	16	5			2					13	1	20		
23		24	15	7		11		2			17			14		10				21	25	9		16
	16			25	10		23	24		13	18	12			3	20			9	14			11	
1		9			6	14				10	19	7				12	8				2			15
12	2			11		25	21	4			20				14	22	1			18			23	5
			5			13	19	14			21				23	6	12			1				
	12	14	6		15			8		17	22	20			16			24			5	13	10	
	1	11	7			4		22		6	23	5			18			17			12	21	2	
	10	22	19		5			18			16		24			15		21		25		11	7	14
15				23	7			17			11			25		18			19		13	1		6

	19	24	7			18	1	16			25	22	10			6	21	13			8	5	9	
9				20	23			13		1				4		22			7	14				6
6		17		21	10			8			5			3				4	20		18			25
10			23		24			25	8	16		17	18	9			19		22					2
	22	25	8			6	4	14			9		13			1	10	12			24	23	19	
	12	5	25			8	6	4			15	21	18			3	24	11			14	22	20	
22			16	19	14	25			2	5	8		20	9	21			17	18	23	4			15
13				10				24	2		12		16	1						25				5
7	14			8	15			1	12	4	6		24	13	10	5			19	18			17	9
	20	21	9			23	5	17			10		19			25	4	2			16	1	13	
	17	7	13			20	12	23			19		3			14	25	21			5	15	2	
24				4	22				6	21				25	5				1	17				19
1		2		3		4		5		6		7		8		9		10		11		12		13
21				15	19				9	13				12	2				8	1				3
	10	20	19			2	15	24			1		5			23	22	18			6	16	4	
	5	22	24			17	13	25			7		2			18	16	6			9	8	21	
8	3			14	5			2	22	25	23		6	17	4	20			13	7			15	16
11				9				16	3		24		20	14						5				22
16			17	25	18	19			23	12	21		4	10	22			9	11	13	3			20
	4	6	23			1	24	20			22	15	9			21	17	3			12	25	11	
	15	19	6			16	14	8			5		25			11	2	23			18	20	22	
14				24		12			18	20	11		1	2	25			5		19				23
5		9		2	24			20			17			6			21	12		7				1
17			16	25			19		9			24		7			22	6						21
	8	3	18			15	2	21			4	19	16			10	9	1			25	13	14	

Sudoku answers

9	4	8	6	
7	1	6		
3	5	2	8	9
2	7	7	1	4
5	8	1	5	4	6
6		9	3		

1

4	1	9	8	6	7	3	5	2
6	7	2	3	5	9	4	1	8
3	5	8	2	4	1	9	7	6
8	9	3	6	1	5	2	4	7
5	2	7	9	8	4	1	6	3
1	4	6	7	2	3	5	8	9
2	6	1	5	3	8	7	9	4
9	3	4	1	7	6	8	2	5
7	8	5	4	9	2	6	3	1

2

2	4	8	3	9	7	5	6	1
5	3	6	4	1	8	9	7	2
7	9	1	6	5	2	8	3	4
4	1	5	7	8	3	2	9	6
3	8	9	1	2	6	4	5	7
6	7	2	9	4	5	1	8	3
1	6	4	8	3	9	7	2	5
9	2	3	5	7	1	6	4	8
8	5	7	2	6	4	3	1	9

3

5	2	7	1	9	8	3	6	4
8	3	4	5	6	2	1	9	7
6	1	9	4	7	3	2	8	5
7	4	1	9	2	6	8	5	3
2	8	3	7	4	5	9	1	6
9	6	5	8	3	1	4	7	2
3	5	6	2	1	9	7	4	8
1	7	2	6	8	4	5	3	9
4	9	8	3	5	7	6	2	1

4

1	9	8	2	3	7	4	6	5
3	4	7	5	9	6	1	8	2
2	5	6	8	4	1	3	9	7
9	2	5	3	1	4	6	7	8
4	6	3	9	7	8	2	5	1
7	8	1	6	2	5	9	4	3
5	1	9	7	6	2	8	3	4
8	3	2	4	5	9	7	1	6
6	7	4	1	8	3	5	2	9

Sudoku answers

5

5	2	3	8	9	1	6	7	4
9	6	8	7	4	2	1	5	3
1	7	4	5	3	6	2	9	8
6	5	7	2	1	4	8	3	9
3	1	2	9	8	5	4	6	7
4	8	9	3	6	7	5	2	1
7	9	6	4	5	8	3	1	2
8	3	5	1	2	9	7	4	6
2	4	1	6	7	3	9	8	5

6

2	7	3	1	6	8	9	5	4
9	5	4	3	7	2	6	1	8
6	8	1	5	4	9	7	3	2
7	9	6	4	2	1	3	8	5
5	1	8	7	9	3	2	4	6
4	3	2	6	8	5	1	7	9
8	6	7	2	3	4	5	9	1
1	2	9	8	5	7	4	6	3
3	4	5	9	1	6	8	2	7

7

8	2	6	1	4	9	5	3	7
5	1	4	7	3	6	9	2	8
7	3	9	2	5	8	1	4	6
3	9	8	6	2	7	4	1	5
1	6	5	3	9	4	7	8	2
2	4	7	5	8	1	3	6	9
6	8	1	4	7	5	2	9	3
4	5	3	9	6	2	8	7	1
9	7	2	8	1	3	6	5	4

8

8	6	5	9	4	7	3	1	2
2	9	7	5	3	1	4	8	6
4	1	3	6	2	8	5	7	9
9	7	2	3	8	4	1	6	5
3	5	6	1	7	9	8	2	4
1	8	4	2	6	5	7	9	3
5	3	9	8	1	2	6	4	7
7	2	8	4	5	6	9	3	1
6	4	1	7	9	3	2	5	8

9

4	5	9	6	8	1	3	2	7
3	7	1	9	2	5	8	6	4
6	8	2	7	4	3	5	1	9
5	1	6	4	7	9	2	8	3
2	4	8	5	3	6	9	7	1
9	3	7	2	1	8	6	4	5
1	6	5	8	9	7	4	3	2
8	2	3	1	5	4	7	9	6
7	9	4	3	6	2	1	5	8

10

1	7	2	9	4	8	6	5	3
3	5	4	7	1	6	8	9	2
6	9	8	3	5	2	7	1	4
8	3	9	2	7	1	5	4	6
7	4	6	5	8	9	3	2	1
2	1	5	4	6	3	9	8	7
9	8	3	1	2	7	4	6	5
5	6	1	8	3	4	2	7	9
4	2	7	6	9	5	1	3	8

11

7	9	3	8	5	6	2	4	1
8	1	4	7	3	2	5	9	6
2	6	5	1	4	9	7	8	3
9	7	1	6	2	8	3	5	4
6	4	2	5	9	3	1	7	8
3	5	8	4	1	7	6	2	9
4	8	6	2	7	1	9	3	5
5	2	9	3	6	4	8	1	7
1	3	7	9	8	5	4	6	2

12

8	1	5	3	4	7	6	9	2
6	9	7	1	5	2	4	3	8
3	4	2	6	9	8	5	7	1
9	2	4	8	6	3	7	1	5
1	3	8	5	7	9	2	4	6
7	5	6	2	1	4	9	8	3
4	8	3	7	2	6	1	5	9
2	7	1	9	8	5	3	6	4
5	6	9	4	3	1	8	2	7

Sudoku answers

13

6	1	2	7	9	3	4	5	8
5	9	8	2	6	4	7	3	1
7	3	4	1	8	5	2	6	9
3	6	1	9	2	8	5	7	4
2	5	9	4	7	1	3	8	6
4	8	7	5	3	6	9	1	2
1	2	3	8	4	7	6	9	5
9	7	5	6	1	2	8	4	3
8	4	6	3	5	9	1	2	7

14

3	2	9	8	6	5	4	1	7
5	6	8	7	4	1	2	3	9
7	1	4	9	3	2	6	8	5
2	8	1	5	9	7	3	6	4
9	4	3	6	2	8	5	7	1
6	5	7	4	1	3	9	2	8
8	7	6	3	5	4	1	9	2
1	9	5	2	8	6	7	4	3
4	3	2	1	7	9	8	5	6

15

8	2	1	3	6	7	9	5	4
6	9	4	2	5	8	7	3	1
5	7	3	1	9	4	2	8	6
7	5	9	4	8	2	1	6	3
4	1	2	6	7	3	5	9	8
3	8	6	9	1	5	4	2	7
1	6	5	7	3	9	8	4	2
9	4	7	8	2	6	3	1	5
2	3	8	5	4	1	6	7	9

16

1	7	3	5	4	9	8	2	6
6	4	8	1	2	7	5	3	9
5	2	9	8	6	3	7	4	1
2	3	1	7	8	5	9	6	4
8	5	6	3	9	4	2	1	7
7	9	4	2	1	6	3	5	8
4	6	2	9	3	8	1	7	5
9	1	7	4	5	2	6	8	3
3	8	5	6	7	1	4	9	2

17

1	7	2	8	5	9	4	3	6
9	8	3	4	2	6	7	5	1
4	6	5	1	3	7	9	8	2
8	2	4	3	6	1	5	9	7
3	9	7	5	8	2	1	6	4
5	1	6	9	7	4	8	2	3
7	3	1	6	9	5	2	4	8
2	5	8	7	4	3	6	1	9
6	4	9	2	1	8	3	7	5

18

9	4	7	2	1	6	5	8	3
5	1	6	8	4	3	2	7	9
2	3	8	9	5	7	1	4	6
7	5	3	4	8	1	6	9	2
4	8	1	6	2	9	3	5	7
6	9	2	3	7	5	4	1	8
1	7	9	5	6	2	8	3	4
8	2	5	7	3	4	9	6	1
3	6	4	1	9	8	7	2	5

19

5	6	3	1	4	8	7	9	2
9	2	1	3	7	5	8	6	4
7	8	4	9	6	2	5	3	1
4	5	2	6	3	9	1	7	8
3	1	9	5	8	7	2	4	6
6	7	8	4	2	1	3	5	9
8	9	7	2	5	6	4	1	3
1	4	5	8	9	3	6	2	7
2	3	6	7	1	4	9	8	5

20

2	8	9	3	4	7	6	1	5
7	5	4	1	8	6	2	3	9
1	3	6	9	5	2	4	7	8
9	2	8	6	3	4	1	5	7
5	4	1	7	2	8	3	9	6
6	7	3	5	9	1	8	4	2
8	9	5	4	6	3	7	2	1
3	6	7	2	1	9	5	8	4
4	1	2	8	7	5	9	6	3

21

7	9	4	1	2	3	6	8	5
1	6	3	8	4	5	7	9	2
2	8	5	9	6	7	1	4	3
8	7	1	2	5	9	4	3	6
4	3	2	7	1	6	8	5	9
9	5	6	4	3	8	2	1	7
3	4	8	5	7	2	9	6	1
6	2	9	3	8	1	5	7	4
5	1	7	6	9	4	3	2	8

22

2	5	1	8	4	9	7	6	3
7	4	9	2	3	6	5	1	8
8	3	6	7	5	1	4	9	2
9	2	5	3	1	4	8	7	6
1	6	8	5	2	7	3	4	9
3	7	4	6	9	8	1	2	5
5	1	7	9	8	2	6	3	4
6	8	2	4	7	3	9	5	1
4	9	3	1	6	5	2	8	7

23

2	3	7	4	6	1	5	8	9
4	9	5	8	3	2	1	6	7
1	8	6	5	9	7	4	2	3
6	5	2	7	4	9	3	1	8
3	1	4	2	8	6	7	9	5
8	7	9	3	1	5	2	4	6
5	4	8	6	2	3	9	7	1
7	2	1	9	5	8	6	3	4
9	6	3	1	7	4	8	5	2

24

3	9	2	7	6	4	8	5	1
4	5	6	8	1	9	7	2	3
8	7	1	5	2	3	6	4	9
2	3	8	4	9	1	5	7	6
9	1	7	2	5	6	4	3	8
5	6	4	3	7	8	1	9	2
7	8	5	1	3	2	9	6	4
6	4	3	9	8	7	2	1	5
1	2	9	6	4	5	3	8	7

25

9	7	8	3	1	5	6	4	2
6	1	2	8	7	4	5	3	9
4	3	5	9	2	6	8	7	1
8	5	9	6	4	7	2	1	3
1	2	4	5	8	3	9	6	7
7	6	3	2	9	1	4	8	5
5	9	1	4	3	8	7	2	6
3	8	6	7	5	2	1	9	4
2	4	7	1	6	9	3	5	8

26

1	5	7	6	2	8	3	9	4
2	8	6	9	4	3	7	5	1
3	4	9	5	1	7	8	2	6
9	2	5	7	8	4	1	6	3
6	3	8	1	5	9	4	7	2
7	1	4	2	3	6	5	8	9
8	9	2	3	7	1	6	4	5
4	6	1	8	9	5	2	3	7
5	7	3	4	6	2	9	1	8

27

3	4	6	5	8	2	9	7	1
9	7	5	3	4	1	6	2	8
8	2	1	6	9	7	3	5	4
4	8	2	1	6	9	7	3	5
1	5	9	4	7	3	8	6	2
6	3	7	8	2	5	4	1	9
5	1	4	7	3	8	2	9	6
2	6	3	9	5	4	1	8	7
7	9	8	2	1	6	5	4	3

28

5	1	6	8	9	7	3	4	2
9	2	8	5	4	3	6	1	7
7	3	4	2	6	1	9	5	8
1	7	9	6	2	5	8	3	4
4	5	2	3	8	9	1	7	6
8	6	3	7	1	4	2	9	5
6	9	7	4	3	8	5	2	1
2	4	1	9	5	6	7	8	3
3	8	5	1	7	2	4	6	9

Sudoku answers

29

5	4	3	1	8	9	7	6	2
1	9	2	6	5	7	3	4	8
8	7	6	4	3	2	5	9	1
7	6	8	5	4	3	1	2	9
4	3	9	2	7	1	6	8	5
2	5	1	9	6	8	4	7	3
3	2	7	8	1	6	9	5	4
6	8	4	3	9	5	2	1	7
9	1	5	7	2	4	8	3	6

30

5	6	7	8	3	4	2	1	9
4	1	3	7	2	9	6	8	5
9	8	2	1	6	5	3	7	4
3	5	1	6	4	8	9	2	7
8	7	9	5	1	2	4	6	3
2	4	6	3	9	7	8	5	1
6	3	4	2	5	1	7	9	8
7	9	5	4	8	6	1	3	2
1	2	8	9	7	3	5	4	6

31

3	2	4	8	9	1	7	6	5
1	5	8	7	3	6	2	9	4
9	6	7	2	5	4	3	8	1
5	9	1	3	2	7	8	4	6
6	7	3	4	1	8	5	2	9
8	4	2	5	6	9	1	3	7
2	8	9	1	4	5	6	7	3
4	3	5	6	7	2	9	1	8
7	1	6	9	8	3	4	5	2

32

3	2	4	9	1	6	5	7	8
8	1	6	7	5	2	9	3	4
7	5	9	3	4	8	1	6	2
6	9	2	5	8	3	4	1	7
5	4	3	1	7	9	2	8	6
1	8	7	6	2	4	3	5	9
2	6	1	8	9	5	7	4	3
9	7	8	4	3	1	6	2	5
4	3	5	2	6	7	8	9	1

33

8	9	4	1	2	6	3	7	5
7	6	5	8	9	3	4	2	1
1	3	2	4	5	7	8	9	6
2	1	3	5	6	8	9	4	7
5	4	8	2	7	9	1	6	3
6	7	9	3	4	1	2	5	8
4	8	6	7	3	2	5	1	9
9	2	1	6	8	5	7	3	4
3	5	7	9	1	4	6	8	2

34

3	2	6	7	9	5	8	1	4
4	7	1	6	3	8	2	9	5
9	8	5	2	4	1	7	6	3
5	4	7	8	6	9	1	3	2
6	1	2	3	5	4	9	8	7
8	3	9	1	7	2	4	5	6
7	5	4	9	8	3	6	2	1
1	6	8	5	2	7	3	4	9
2	9	3	4	1	6	5	7	8

35

5	4	6	9	8	3	2	1	7
8	2	7	1	5	6	3	4	9
1	3	9	7	2	4	8	5	6
6	1	4	5	3	7	9	2	8
3	5	8	2	4	9	6	7	1
9	7	2	8	6	1	4	3	5
2	6	1	3	7	8	5	9	4
7	8	5	4	9	2	1	6	3
4	9	3	6	1	5	7	8	2

36

4	1	5	7	6	3	8	9	2
9	7	6	8	2	1	3	5	4
3	8	2	5	4	9	7	6	1
1	3	8	2	9	5	6	4	7
5	9	7	6	3	4	2	1	8
2	6	4	1	7	8	9	3	5
7	5	1	9	8	6	4	2	3
8	4	9	3	1	2	5	7	6
6	2	3	4	5	7	1	8	9

37

3	5	2	4	9	1	7	6	8
9	8	4	6	7	5	1	2	3
6	1	7	8	2	3	5	4	9
4	7	1	9	3	8	2	5	6
5	9	6	7	1	2	3	8	4
8	2	3	5	6	4	9	1	7
7	4	9	1	5	6	8	3	2
2	6	5	3	8	9	4	7	1
1	3	8	2	4	7	6	9	5

38

4	5	9	6	2	7	1	8	3
2	3	8	1	4	9	5	6	7
6	1	7	8	5	3	9	4	2
8	7	1	3	6	5	2	9	4
9	6	2	4	8	1	7	3	5
5	4	3	9	7	2	6	1	8
1	2	4	7	3	6	8	5	9
7	8	6	5	9	4	3	2	1
3	9	5	2	1	8	4	7	6

39

8	9	2	5	6	1	4	3	7
6	1	7	4	3	2	8	9	5
5	3	4	9	8	7	2	1	6
4	2	5	6	9	8	3	7	1
1	6	3	2	7	5	9	8	4
9	7	8	3	1	4	5	6	2
7	4	9	1	2	3	6	5	8
3	5	1	8	4	6	7	2	9
2	8	6	7	5	9	1	4	3

40

2	3	6	8	4	7	9	5	1
5	9	8	2	1	3	4	7	6
7	1	4	6	9	5	2	8	3
8	4	1	7	5	9	3	6	2
3	6	5	1	8	2	7	9	4
9	7	2	3	6	4	8	1	5
6	5	9	4	2	8	1	3	7
1	2	7	9	3	6	5	4	8
4	8	3	5	7	1	6	2	9

41

3	1	4	9	8	2	7	5	6
5	8	7	4	1	6	3	2	9
9	6	2	7	5	3	1	4	8
8	9	5	3	2	4	6	7	1
2	7	1	8	6	9	5	3	4
6	4	3	5	7	1	8	9	2
1	5	9	6	4	7	2	8	3
7	3	6	2	9	8	4	1	5
4	2	8	1	3	5	9	6	7

42

7	2	9	1	3	4	6	5	8
8	6	3	5	9	2	4	1	7
4	1	5	7	6	8	3	2	9
6	9	4	2	8	1	5	7	3
1	5	2	4	7	3	9	8	6
3	8	7	6	5	9	2	4	1
5	4	8	9	1	6	7	3	2
2	3	6	8	4	7	1	9	5
9	7	1	3	2	5	8	6	4

43

8	9	7	2	5	4	6	1	3
5	6	1	8	7	3	9	4	2
2	3	4	6	1	9	8	7	5
1	5	3	9	8	2	7	6	4
9	8	6	7	4	5	3	2	1
7	4	2	1	3	6	5	9	8
6	7	8	5	2	1	4	3	9
4	1	5	3	9	7	2	8	6
3	2	9	4	6	8	1	5	7

44

8	6	5	2	9	3	7	4	1
4	9	3	7	1	8	6	2	5
7	1	2	5	6	4	3	8	9
6	5	4	9	2	7	8	1	3
1	3	7	6	8	5	4	9	2
9	2	8	3	4	1	5	6	7
2	7	9	4	3	6	1	5	8
3	8	6	1	5	9	2	7	4
5	4	1	8	7	2	9	3	6

45

8	9	2	6	3	1	4	5	7
3	7	1	8	5	4	6	2	9
5	4	6	9	2	7	1	3	8
1	2	8	5	7	3	9	4	6
4	3	9	2	6	8	7	1	5
7	6	5	4	1	9	3	8	2
6	1	7	3	8	5	2	9	4
2	5	4	1	9	6	8	7	3
9	8	3	7	4	2	5	6	1

46

4	2	5	3	6	8	7	9	1
9	8	1	5	2	7	3	6	4
7	6	3	9	1	4	5	2	8
6	4	2	7	5	3	8	1	9
3	9	7	1	8	2	4	5	6
5	1	8	4	9	6	2	3	7
1	3	4	6	7	5	9	8	2
2	7	6	8	3	9	1	4	5
8	5	9	2	4	1	6	7	3

47

1	8	5	3	6	4	2	7	9
7	6	9	8	1	2	5	4	3
2	4	3	9	7	5	6	1	8
5	7	6	1	4	3	9	8	2
4	2	8	6	5	9	1	3	7
9	3	1	7	2	8	4	5	6
3	1	2	5	9	7	8	6	4
8	5	4	2	3	6	7	9	1
6	9	7	4	8	1	3	2	5

48

4	3	7	1	2	6	8	9	5
9	8	6	5	3	4	1	7	2
2	1	5	7	8	9	4	6	3
5	4	3	6	7	8	2	1	9
7	2	8	3	9	1	5	4	6
6	9	1	2	4	5	3	8	7
1	5	4	9	6	3	7	2	8
3	6	2	8	1	7	9	5	4
8	7	9	4	5	2	6	3	1

49

6	3	8	4	7	1	9	2	5
5	2	7	6	8	9	4	1	3
4	1	9	5	3	2	7	6	8
9	7	5	2	1	3	6	8	4
1	6	2	8	4	7	3	5	9
3	8	4	9	5	6	1	7	2
7	9	1	3	2	8	5	4	6
2	4	3	7	6	5	8	9	1
8	5	6	1	9	4	2	3	7

50

3	1	2	7	5	8	9	4	6
5	8	4	9	6	2	1	7	3
6	9	7	3	1	4	8	2	5
2	3	1	6	8	5	7	9	4
7	4	5	1	3	9	2	6	8
9	6	8	2	4	7	5	3	1
8	2	3	5	7	6	4	1	9
1	5	9	4	2	3	6	8	7
4	7	6	8	9	1	3	5	2

51

7	6	2	3	4	5	1	8	9
8	4	9	6	7	1	2	3	5
5	1	3	9	8	2	7	6	4
4	3	8	2	5	6	9	1	7
2	9	7	8	1	4	3	5	6
6	5	1	7	9	3	8	4	2
1	8	5	4	2	7	6	9	3
3	2	4	1	6	9	5	7	8
9	7	6	5	3	8	4	2	1

52

5	2	8	1	7	4	3	6	9
4	3	9	6	8	5	7	1	2
7	1	6	3	9	2	8	4	5
3	7	5	2	1	6	9	8	4
6	9	1	8	4	3	5	2	7
8	4	2	9	5	7	6	3	1
9	5	3	4	2	8	1	7	6
1	6	4	7	3	9	2	5	8
2	8	7	5	6	1	4	9	3

53

4	5	2	3	7	8	6	1	9
9	7	1	4	5	6	8	2	3
8	3	6	1	2	9	5	7	4
5	9	8	2	6	4	1	3	7
6	2	4	7	3	1	9	8	5
7	1	3	8	9	5	2	4	6
3	8	5	6	1	7	4	9	2
2	4	9	5	8	3	7	6	1
1	6	7	9	4	2	3	5	8

54

2	8	9	5	3	1	7	6	4
1	3	6	7	2	4	8	5	9
7	4	5	8	6	9	3	1	2
6	9	2	3	7	8	1	4	5
8	1	7	9	4	5	2	3	6
4	5	3	6	1	2	9	8	7
3	7	4	2	8	6	5	9	1
9	2	1	4	5	3	6	7	8
5	6	8	1	9	7	4	2	3

55

5	9	7	2	6	1	3	4	8
8	4	2	3	5	7	9	6	1
6	1	3	9	8	4	7	2	5
4	6	9	1	7	2	5	8	3
2	3	5	4	9	8	6	1	7
1	7	8	5	3	6	4	9	2
3	2	1	6	4	5	8	7	9
7	5	6	8	2	9	1	3	4
9	8	4	7	1	3	2	5	6

56

2	9	5	8	6	7	1	3	4
8	7	3	9	4	1	2	5	6
1	6	4	2	3	5	7	8	9
4	3	7	1	8	9	5	6	2
5	8	2	6	7	4	9	1	3
9	1	6	3	5	2	4	7	8
7	5	8	4	2	6	3	9	1
3	4	9	7	1	8	6	2	5
6	2	1	5	9	3	8	4	7

57

7	9	3	8	5	6	2	4	1
8	1	4	7	3	2	5	9	6
2	6	5	1	4	9	7	8	3
9	7	1	6	2	8	3	5	4
6	4	2	5	9	3	1	7	8
3	5	8	4	1	7	6	2	9
4	8	6	2	7	1	9	3	5
5	2	9	3	6	4	8	1	7
1	3	7	9	8	5	4	6	2

58

9	1	3	5	6	4	2	8	7
7	6	5	3	8	2	9	1	4
2	8	4	9	7	1	6	5	3
8	4	9	2	1	7	5	3	6
6	7	1	4	5	3	8	9	2
5	3	2	8	9	6	4	7	1
1	2	8	6	3	9	7	4	5
3	5	6	7	4	8	1	2	9
4	9	7	1	2	5	3	6	8

59

5	7	6	1	4	8	2	3	9
2	1	9	6	7	3	8	5	4
3	4	8	5	2	9	1	6	7
7	8	5	3	1	2	4	9	6
9	6	1	4	5	7	3	2	8
4	3	2	9	8	6	5	7	1
6	5	7	8	3	1	9	4	2
8	9	3	2	6	4	7	1	5
1	2	4	7	9	5	6	8	3

60

6	3	4	5	7	9	8	2	1
1	7	2	8	4	3	9	6	5
5	9	8	1	6	2	3	7	4
3	8	5	6	1	7	4	9	2
7	1	9	4	2	5	6	8	3
2	4	6	3	9	8	1	5	7
4	5	7	9	8	1	2	3	6
9	6	3	2	5	4	7	1	8
8	2	1	7	3	6	5	4	9

61

6	2	8	9	3	1	5	7	4
4	1	9	5	2	7	8	6	3
7	5	3	4	8	6	9	2	1
1	3	7	8	5	9	2	4	6
8	9	4	6	1	2	7	3	5
5	6	2	3	7	4	1	9	8
9	8	1	7	4	3	6	5	2
2	4	6	1	9	5	3	8	7
3	7	5	2	6	8	4	1	9

62

1	7	6	2	9	4	3	8	5
8	9	2	5	3	7	1	6	4
5	4	3	8	1	6	2	9	7
3	1	7	9	6	8	4	5	2
6	8	4	7	2	5	9	3	1
9	2	5	1	4	3	6	7	8
4	6	8	3	7	2	5	1	9
2	5	1	6	8	9	7	4	3
7	3	9	4	5	1	8	2	6

63

5	4	8	6	2	1	7	3	9
7	9	2	3	5	4	1	6	8
1	6	3	9	7	8	4	2	5
3	2	5	8	1	7	6	9	4
4	8	9	2	6	3	5	1	7
6	1	7	5	4	9	3	8	2
9	3	6	7	8	5	2	4	1
8	5	1	4	3	2	9	7	6
2	7	4	1	9	6	8	5	3

64

7	2	1	9	3	4	5	8	6
6	8	5	7	1	2	3	9	4
4	3	9	5	6	8	2	1	7
8	1	6	4	2	7	9	5	3
5	7	2	6	9	3	8	4	1
9	4	3	8	5	1	7	6	2
3	9	7	1	8	6	4	2	5
1	5	4	2	7	9	6	3	8
2	6	8	3	4	5	1	7	9

65

3	8	5	1	4	2	9	7	6
2	9	1	3	6	7	5	8	4
4	6	7	5	9	8	2	3	1
7	4	3	8	1	5	6	9	2
5	2	6	4	7	9	8	1	3
9	1	8	2	3	6	4	5	7
1	5	9	7	2	4	3	6	8
8	7	4	6	5	3	1	2	9
6	3	2	9	8	1	7	4	5

66

8	5	7	4	1	2	3	9	6
3	6	1	5	9	8	2	7	4
4	2	9	7	3	6	5	1	8
6	3	5	9	8	4	1	2	7
7	9	4	1	2	5	6	8	3
1	8	2	6	7	3	4	5	9
2	7	8	3	6	1	9	4	5
5	1	6	8	4	9	7	3	2
9	4	3	2	5	7	8	6	1

67

3	8	7	6	5	9	2	4	1
5	1	2	3	7	4	8	9	6
6	9	4	2	1	8	5	3	7
2	7	9	1	8	3	4	6	5
4	5	1	9	2	6	3	7	8
8	6	3	7	4	5	9	1	2
7	4	5	8	3	1	6	2	9
9	2	8	4	6	7	1	5	3
1	3	6	5	9	2	7	8	4

68

5	2	4	3	7	6	1	8	9
3	6	1	9	8	5	7	2	4
8	9	7	1	2	4	5	6	3
1	8	2	4	3	7	9	5	6
4	3	5	6	9	8	2	1	7
6	7	9	5	1	2	4	3	8
7	1	3	8	5	9	6	4	2
2	4	8	7	6	1	3	9	5
9	5	6	2	4	3	8	7	1

69

3	5	7	1	4	8	6	2	9
1	6	9	7	2	3	4	5	8
2	8	4	6	9	5	1	7	3
4	7	2	3	8	6	5	9	1
9	3	8	2	5	1	7	6	4
5	1	6	9	7	4	8	3	2
6	4	1	5	3	2	9	8	7
8	9	3	4	6	7	2	1	5
7	2	5	8	1	9	3	4	6

70

3	1	6	8	4	2	9	7	5
2	8	4	5	9	7	6	3	1
5	7	9	6	1	3	8	4	2
9	4	8	7	6	5	1	2	3
7	2	1	3	8	4	5	9	6
6	3	5	9	2	1	4	8	7
4	6	3	2	5	9	7	1	8
8	9	7	1	3	6	2	5	4
1	5	2	4	7	8	3	6	9

71

4	8	5	2	7	9	1	3	6
7	2	3	1	4	6	8	9	5
1	6	9	5	8	3	4	2	7
3	5	7	6	1	8	2	4	9
8	4	6	9	2	7	5	1	3
2	9	1	4	3	5	7	6	8
9	3	4	8	5	1	6	7	2
6	1	8	7	9	2	3	5	4
5	7	2	3	6	4	9	8	1

72

9	6	8	3	5	1	2	7	4
4	1	2	7	6	8	5	9	3
3	7	5	9	4	2	8	1	6
1	4	6	2	9	7	3	8	5
2	9	3	5	8	4	7	6	1
5	8	7	1	3	6	9	4	2
8	3	4	6	2	9	1	5	7
7	2	9	4	1	5	6	3	8
6	5	1	8	7	3	4	2	9

73

5	7	8	3	6	1	9	2	4
6	3	4	8	2	9	1	7	5
9	1	2	7	4	5	8	6	3
2	9	1	5	3	7	6	4	8
8	4	3	6	9	2	5	1	7
7	5	6	4	1	8	2	3	9
3	6	9	1	8	4	7	5	2
4	8	7	2	5	6	3	9	1
1	2	5	9	7	3	4	8	6

74

4	2	3	1	6	7	5	9	8
8	7	6	3	5	9	1	4	2
1	5	9	4	2	8	3	6	7
7	4	1	8	9	5	6	2	3
2	6	8	7	3	4	9	1	5
9	3	5	2	1	6	8	7	4
5	1	7	6	8	2	4	3	9
3	8	2	9	4	1	7	5	6
6	9	4	5	7	3	2	8	1

75

1	8	5	4	6	3	2	7	9
7	9	4	2	8	5	6	1	3
2	3	6	9	7	1	4	5	8
8	1	7	5	2	6	3	9	4
4	6	9	7	3	8	1	2	5
5	2	3	1	9	4	8	6	7
6	5	2	3	4	7	9	8	1
3	7	8	6	1	9	5	4	2
9	4	1	8	5	2	7	3	6

76

9	8	6	4	3	1	7	5	2
3	7	5	9	2	6	4	1	8
1	2	4	5	8	7	3	9	6
8	4	2	1	9	5	6	7	3
7	9	3	2	6	4	5	8	1
6	5	1	3	7	8	2	4	9
2	3	8	7	5	9	1	6	4
4	6	7	8	1	2	9	3	5
5	1	9	6	4	3	8	2	7

77

1	6	3	4	7	8	2	9	5
5	8	7	9	2	1	4	6	3
2	4	9	6	5	3	8	7	1
4	5	1	2	8	9	7	3	6
8	3	6	7	1	5	9	2	4
9	7	2	3	6	4	1	5	8
7	1	4	5	9	6	3	8	2
3	9	5	8	4	2	6	1	7
6	2	8	1	3	7	5	4	9

78

9	5	2	8	4	7	3	6	1
4	3	7	1	2	6	5	8	9
1	6	8	5	9	3	4	2	7
7	2	1	4	6	9	8	3	5
5	4	3	7	1	8	2	9	6
6	8	9	2	3	5	1	7	4
8	9	6	3	5	4	7	1	2
2	7	4	9	8	1	6	5	3
3	1	5	6	7	2	9	4	8

79

4	2	8	3	5	9	6	7	1
7	5	9	1	6	2	4	8	3
3	6	1	4	8	7	5	9	2
5	9	2	7	1	4	8	3	6
6	1	7	8	2	3	9	5	4
8	3	4	6	9	5	1	2	7
2	4	6	9	3	8	7	1	5
9	7	5	2	4	1	3	6	8
1	8	3	5	7	6	2	4	9

80

8	7	2	9	5	4	1	3	6
5	4	6	8	1	3	7	9	2
3	9	1	6	7	2	5	8	4
2	5	4	3	8	9	6	7	1
6	3	7	5	2	1	9	4	8
1	8	9	4	6	7	3	2	5
7	2	5	1	9	8	4	6	3
4	1	8	7	3	6	2	5	9
9	6	3	2	4	5	8	1	7

81

9	5	3	8	2	7	1	6	4
8	2	4	6	1	5	9	7	3
6	1	7	9	4	3	8	2	5
1	7	8	3	5	6	2	4	9
3	9	5	2	8	4	6	1	7
2	4	6	1	7	9	3	5	8
5	6	9	7	3	1	4	8	2
7	3	2	4	6	8	5	9	1
4	8	1	5	9	2	7	3	6

82

4	9	2	7	6	5	3	8	1
8	7	3	9	2	1	5	4	6
1	6	5	4	8	3	9	2	7
3	2	8	6	1	4	7	9	5
5	1	7	3	9	2	4	6	8
6	4	9	5	7	8	2	1	3
9	5	6	1	4	7	8	3	2
7	8	4	2	3	6	1	5	9
2	3	1	8	5	9	6	7	4

83

3	8	4	1	7	9	6	2	5
2	6	9	4	5	8	7	3	1
5	1	7	2	3	6	8	9	4
8	9	1	3	6	7	4	5	2
4	7	2	9	1	5	3	6	8
6	5	3	8	2	4	9	1	7
1	4	5	7	9	3	2	8	6
9	2	8	6	4	1	5	7	3
7	3	6	5	8	2	1	4	9

84

4	8	1	9	7	6	5	2	3
5	3	9	4	2	1	8	7	6
6	2	7	3	8	5	4	1	9
8	7	4	2	6	9	3	5	1
3	9	6	5	1	8	7	4	2
1	5	2	7	4	3	9	6	8
7	1	8	6	9	4	2	3	5
9	4	3	1	5	2	6	8	7
2	6	5	8	3	7	1	9	4

85

3	8	1	4	2	6	9	5	7
6	4	5	9	8	7	3	2	1
2	9	7	1	3	5	4	8	6
8	5	9	2	6	4	1	7	3
1	6	2	3	7	9	8	4	5
7	3	4	5	1	8	6	9	2
5	2	6	8	9	1	7	3	4
9	7	3	6	4	2	5	1	8
4	1	8	7	5	3	2	6	9

86

9	8	1	4	7	3	5	2	6
5	4	7	2	6	9	8	1	3
3	2	6	1	5	8	4	9	7
7	1	4	3	8	2	6	5	9
6	5	9	7	4	1	3	8	2
8	3	2	6	9	5	1	7	4
1	7	3	8	2	4	9	6	5
2	9	8	5	3	6	7	4	1
4	6	5	9	1	7	2	3	8

87

1	5	2	8	4	9	3	6	7
6	3	9	5	7	2	4	1	8
8	7	4	3	6	1	9	5	2
5	9	6	1	3	8	7	2	4
2	4	8	6	9	7	5	3	1
3	1	7	2	5	4	6	8	9
9	2	5	7	1	3	8	4	6
7	8	3	4	2	6	1	9	5
4	6	1	9	8	5	2	7	3

88

1	7	8	2	5	6	4	9	3
4	9	2	3	8	1	7	5	6
5	3	6	9	7	4	1	2	8
2	8	1	5	6	9	3	4	7
7	5	4	1	3	8	2	6	9
9	6	3	7	4	2	8	1	5
6	1	5	8	2	3	9	7	4
8	4	9	6	1	7	5	3	2
3	2	7	4	9	5	6	8	1

89

6	7	3	8	2	9	1	5	4
9	4	1	5	3	7	2	8	6
8	2	5	1	6	4	9	3	7
1	9	2	7	5	3	6	4	8
3	6	4	2	8	1	7	9	5
7	5	8	4	9	6	3	1	2
2	1	6	9	4	8	5	7	3
4	3	7	6	1	5	8	2	9
5	8	9	3	7	2	4	6	1

90

4	3	7	2	9	8	1	5	6
8	5	1	6	4	7	9	2	3
9	6	2	1	3	5	8	7	4
2	4	8	9	7	6	5	3	1
5	7	6	4	1	3	2	8	9
1	9	3	5	8	2	6	4	7
6	8	4	7	2	9	3	1	5
3	1	9	8	5	4	7	6	2
7	2	5	3	6	1	4	9	8

91

4	1	6	7	2	9	3	5	8
2	5	3	4	8	6	7	9	1
9	7	8	1	5	3	4	6	2
3	8	7	6	4	1	5	2	9
1	4	5	2	9	8	6	7	3
6	2	9	3	7	5	8	1	4
8	9	4	5	1	7	2	3	6
5	6	2	9	3	4	1	8	7
7	3	1	8	6	2	9	4	5

92

2	1	6	7	9	5	8	4	3
9	5	3	8	6	4	7	1	2
8	4	7	3	1	2	5	9	6
4	7	9	5	3	6	1	2	8
1	6	8	2	4	9	3	7	5
3	2	5	1	8	7	4	6	9
6	3	1	9	7	8	2	5	4
5	8	4	6	2	1	9	3	7
7	9	2	4	5	3	6	8	1

93

2	5	8	6	4	3	7	1	9
4	7	1	5	9	2	3	6	8
9	6	3	1	7	8	2	5	4
8	1	9	3	2	7	5	4	6
3	4	5	8	1	6	9	7	2
7	2	6	4	5	9	8	3	1
5	3	4	9	8	1	6	2	7
1	8	7	2	6	5	4	9	3
6	9	2	7	3	4	1	8	5

94

2	1	6	8	3	7	4	5	9
7	3	5	9	2	4	1	6	8
4	9	8	6	5	1	3	2	7
1	4	2	5	8	6	7	9	3
6	8	3	2	7	9	5	1	4
9	5	7	1	4	3	2	8	6
5	7	9	3	6	2	8	4	1
8	6	4	7	1	5	9	3	2
3	2	1	4	9	8	6	7	5

95

3	9	6	8	2	7	1	5	4
8	1	5	6	9	4	3	7	2
7	2	4	1	3	5	6	8	9
2	4	3	7	5	1	9	6	8
6	7	9	4	8	3	2	1	5
1	5	8	2	6	9	7	4	3
9	3	7	5	4	6	8	2	1
5	6	2	3	1	8	4	9	7
4	8	1	9	7	2	5	3	6

96

5	2	1	9	7	8	3	6	4
6	4	8	5	3	2	9	7	1
3	7	9	4	6	1	2	5	8
2	8	6	1	4	3	7	9	5
4	1	7	2	5	9	6	8	3
9	3	5	7	8	6	1	4	2
7	5	3	6	1	4	8	2	9
1	9	4	8	2	7	5	3	6
8	6	2	3	9	5	4	1	7

97

1	9	7	2	5	4	8	6	3
3	6	4	8	9	1	7	5	2
2	8	5	3	7	6	9	1	4
9	2	3	4	1	8	6	7	5
8	7	6	5	2	3	4	9	1
4	5	1	9	6	7	3	2	8
5	1	8	6	3	9	2	4	7
7	3	9	1	4	2	5	8	6
6	4	2	7	8	5	1	3	9

98

3	4	5	8	9	1	7	6	2
8	9	2	6	4	7	3	1	5
6	1	7	2	5	3	4	9	8
4	5	1	3	7	6	8	2	9
2	8	3	4	1	9	5	7	6
9	7	6	5	8	2	1	3	4
1	2	4	7	6	5	9	8	3
7	6	8	9	3	4	2	5	1
5	3	9	1	2	8	6	4	7

99

5	3	8	2	1	6	7	9	4
2	6	7	4	9	5	1	8	3
1	9	4	8	3	7	2	6	5
3	2	1	5	7	9	6	4	8
9	4	6	1	2	8	3	5	7
8	7	5	3	6	4	9	2	1
6	8	2	7	4	1	5	3	9
7	5	3	9	8	2	4	1	6
4	1	9	6	5	3	8	7	2

100

1	7	4	8	3	6	5	9	2
3	2	6	5	9	4	8	1	7
9	5	8	7	1	2	4	3	6
7	9	3	1	4	5	6	2	8
8	1	5	2	6	7	9	4	3
4	6	2	9	8	3	7	5	1
5	8	1	6	2	9	3	7	4
6	3	7	4	5	1	2	8	9
2	4	9	3	7	8	1	6	5

101

8	9	6	3	1	4	5	7	2
4	5	1	9	7	2	3	6	8
2	7	3	5	8	6	1	4	9
6	2	8	4	9	5	7	1	3
3	4	7	1	2	8	6	9	5
9	1	5	6	3	7	2	8	4
7	3	2	8	6	9	4	5	1
1	8	4	7	5	3	9	2	6
5	6	9	2	4	1	8	3	7

102

1	7	6	2	9	4	3	8	5
8	9	2	5	3	7	1	6	4
5	4	3	8	1	6	2	9	7
3	1	7	9	6	8	4	5	2
6	8	4	7	2	5	9	3	1
9	2	5	1	4	3	6	7	8
4	6	8	3	7	2	5	1	9
2	5	1	6	8	9	7	4	3
7	3	9	4	5	1	8	2	6

103

5	3	6	8	9	2	7	1	4
9	1	8	4	6	7	3	5	2
2	4	7	5	3	1	8	9	6
3	2	9	1	8	4	5	6	7
8	6	1	9	7	5	2	4	3
7	5	4	3	2	6	1	8	9
4	8	2	7	5	9	6	3	1
6	9	3	2	1	8	4	7	5
1	7	5	6	4	3	9	2	8

104

4	3	5	6	8	7	2	9	1
2	6	7	1	5	9	4	3	8
8	1	9	2	4	3	5	7	6
9	4	6	7	1	5	8	2	3
5	2	8	3	9	6	1	4	7
1	7	3	4	2	8	6	5	9
3	5	1	8	7	2	9	6	4
6	9	4	5	3	1	7	8	2
7	8	2	9	6	4	3	1	5

105

8	9	4	2	1	7	6	3	5
5	7	2	3	9	6	8	1	4
3	6	1	8	4	5	9	2	7
7	8	3	4	2	1	5	6	9
2	5	9	7	6	8	1	4	3
4	1	6	5	3	9	7	8	2
9	2	8	1	5	4	3	7	6
1	3	5	6	7	2	4	9	8
6	4	7	9	8	3	2	5	1

106

1	5	8	9	2	6	7	4	3
7	2	3	5	4	8	6	1	9
9	6	4	1	3	7	8	2	5
4	3	9	7	8	5	2	6	1
5	7	6	4	1	2	9	3	8
8	1	2	3	6	9	4	5	7
2	4	5	8	7	1	3	9	6
3	8	1	6	9	4	5	7	2
6	9	7	2	5	3	1	8	4

107

9	1	4	6	5	2	7	3	8
6	5	8	4	3	7	9	1	2
2	7	3	8	1	9	4	6	5
8	4	5	7	2	6	3	9	1
7	3	2	9	4	1	5	8	6
1	9	6	3	8	5	2	7	4
5	2	7	1	9	8	6	4	3
4	8	9	2	6	3	1	5	7
3	6	1	5	7	4	8	2	9

108

7	4	3	8	1	2	5	6	9
1	9	2	5	3	6	7	8	4
5	8	6	4	7	9	2	1	3
6	5	8	2	9	7	4	3	1
4	1	9	6	5	3	8	2	7
3	2	7	1	8	4	9	5	6
8	7	1	9	6	5	3	4	2
9	6	4	3	2	8	1	7	5
2	3	5	7	4	1	6	9	8

109

1	6	3	4	9	2	7	5	8
9	8	7	1	5	3	2	6	4
2	4	5	7	8	6	1	3	9
5	9	1	8	2	4	6	7	3
4	7	6	5	3	1	9	8	2
8	3	2	9	6	7	5	4	1
3	1	8	6	7	9	4	2	5
7	5	9	2	4	8	3	1	6
6	2	4	3	1	5	8	9	7

110

8	5	2	6	9	7	3	1	4
7	6	1	4	5	3	9	8	2
4	3	9	1	8	2	6	5	7
5	7	3	8	4	9	2	6	1
2	1	4	3	7	6	5	9	8
6	9	8	2	1	5	4	7	3
3	2	5	7	6	1	8	4	9
1	8	6	9	3	4	7	2	5
9	4	7	5	2	8	1	3	6

111

3	9	5	7	6	4	8	1	2
1	8	7	9	5	2	6	4	3
6	2	4	1	8	3	9	7	5
4	3	2	6	1	7	5	9	8
9	5	6	4	3	8	1	2	7
8	7	1	5	2	9	3	6	4
2	6	9	8	7	5	4	3	1
5	4	3	2	9	1	7	8	6
7	1	8	3	4	6	2	5	9

112

2	1	9	4	5	7	8	3	6
5	3	4	1	8	6	7	2	9
7	6	8	9	3	2	4	5	1
1	8	3	7	4	9	5	6	2
6	9	7	8	2	5	1	4	3
4	2	5	3	6	1	9	8	7
3	7	2	5	9	4	6	1	8
8	5	1	6	7	3	2	9	4
9	4	6	2	1	8	3	7	5

113

6	1	4	9	8	5	2	7	3
3	2	7	1	6	4	5	8	9
9	5	8	7	2	3	6	4	1
8	3	5	2	4	9	1	6	7
4	9	6	3	1	7	8	5	2
2	7	1	8	5	6	3	9	4
7	8	2	6	9	1	4	3	5
5	6	9	4	3	2	7	1	8
1	4	3	5	7	8	9	2	6

114

4	9	7	2	8	5	6	3	1
3	8	5	1	6	7	2	4	9
6	1	2	9	3	4	8	7	5
7	4	1	6	5	9	3	8	2
5	2	6	8	7	3	9	1	4
9	3	8	4	1	2	5	6	7
1	5	4	3	9	8	7	2	6
8	6	9	7	2	1	4	5	3
2	7	3	5	4	6	1	9	8

115

4	8	1	7	9	3	6	5	2
9	3	6	2	4	5	8	7	1
5	7	2	1	6	8	4	3	9
7	1	8	6	3	9	2	4	5
3	5	9	4	2	1	7	8	6
2	6	4	8	5	7	9	1	3
6	2	7	5	1	4	3	9	8
1	4	3	9	8	2	5	6	7
8	9	5	3	7	6	1	2	4

116

7	2	8	1	3	5	9	4	6
6	5	1	9	8	4	7	3	2
9	3	4	6	7	2	5	8	1
2	8	5	4	1	6	3	7	9
4	1	9	7	2	3	6	5	8
3	7	6	8	5	9	1	2	4
8	9	7	5	4	1	2	6	3
1	4	2	3	6	7	8	9	5
5	6	3	2	9	8	4	1	7

117

6	8	2	7	1	5	9	4	3
5	3	9	4	2	6	8	1	7
4	1	7	8	9	3	6	2	5
8	2	3	1	5	9	4	7	6
1	9	6	3	7	4	2	5	8
7	4	5	2	6	8	3	9	1
2	5	8	9	3	7	1	6	4
3	7	1	6	4	2	5	8	9
9	6	4	5	8	1	7	3	2

118

6	2	9	5	7	4	3	8	1
8	1	7	6	9	3	4	5	2
3	5	4	2	8	1	7	6	9
5	9	1	4	6	8	2	3	7
4	3	6	7	1	2	5	9	8
7	8	2	3	5	9	6	1	4
1	6	3	9	4	7	8	2	5
9	4	5	8	2	6	1	7	3
2	7	8	1	3	5	9	4	6

119

4	2	9	6	8	7	5	1	3
3	8	7	1	5	4	9	6	2
6	5	1	9	3	2	8	4	7
5	7	4	2	6	1	3	9	8
1	3	6	8	7	9	2	5	4
2	9	8	5	4	3	1	7	6
9	6	2	7	1	8	4	3	5
8	4	5	3	9	6	7	2	1
7	1	3	4	2	5	6	8	9

120

1	4	9	2	5	8	3	6	7
3	6	2	4	7	9	8	5	1
8	5	7	1	3	6	4	9	2
7	8	3	9	4	5	2	1	6
9	2	4	3	6	1	7	8	5
5	1	6	7	8	2	9	3	4
4	9	8	5	1	7	6	2	3
2	7	5	6	9	3	1	4	8
6	3	1	8	2	4	5	7	9

121

3	9	8	2	5	1	4	7	6
6	1	2	7	3	4	5	8	9
7	4	5	8	9	6	1	3	2
2	5	7	4	6	3	8	9	1
9	6	3	1	8	2	7	4	5
1	8	4	5	7	9	6	2	3
8	7	1	3	2	5	9	6	4
5	3	9	6	4	8	2	1	7
4	2	6	9	1	7	3	5	8

122

7	2	8	1	6	4	3	5	9
5	3	6	9	7	2	8	1	4
1	9	4	3	5	8	2	7	6
3	7	2	6	4	5	1	9	8
6	5	9	2	8	1	7	4	3
4	8	1	7	3	9	5	6	2
9	6	5	8	1	3	4	2	7
2	1	3	4	9	7	6	8	5
8	4	7	5	2	6	9	3	1

123

4	3	1	5	8	2	9	6	7
8	5	7	6	3	9	1	2	4
6	2	9	1	4	7	8	5	3
1	8	6	7	2	3	5	4	9
7	4	3	9	5	1	6	8	2
2	9	5	8	6	4	7	3	1
3	1	8	2	7	5	4	9	6
9	6	2	4	1	8	3	7	5
5	7	4	3	9	6	2	1	8

124

6	5	1	2	8	7	4	3	9
9	4	2	1	3	5	6	8	7
8	7	3	9	6	4	5	1	2
3	2	8	4	5	6	7	9	1
5	9	6	8	7	1	3	2	4
7	1	4	3	2	9	8	6	5
1	3	5	7	9	8	2	4	6
4	8	7	6	1	2	9	5	3
2	6	9	5	4	3	1	7	8

Sudoku answers

125

4	2	7	9	6	1	3	8	5
1	3	6	8	5	2	4	9	7
5	9	8	3	7	4	2	6	1
2	6	5	1	4	9	8	7	3
9	8	1	6	3	7	5	2	4
3	7	4	2	8	5	6	1	9
8	4	9	5	1	6	7	3	2
7	1	3	4	2	8	9	5	6
6	5	2	7	9	3	1	4	8

126

7	8	3	9	5	4	6	2	1
9	1	6	8	3	2	5	7	4
5	4	2	7	6	1	9	8	3
8	3	4	2	7	5	1	6	9
6	7	1	4	9	3	2	5	8
2	9	5	1	8	6	4	3	7
3	2	9	5	4	8	7	1	6
4	5	8	6	1	7	3	9	2
1	6	7	3	2	9	8	4	5

127

2	6	7	1	4	9	5	3	8
1	5	8	7	3	2	6	4	9
4	9	3	6	8	5	7	1	2
3	8	5	2	6	7	1	9	4
9	2	1	8	5	4	3	7	6
6	7	4	9	1	3	8	2	5
7	1	9	5	2	8	4	6	3
8	4	6	3	9	1	2	5	7
5	3	2	4	7	6	9	8	1

128

1	8	2	4	6	7	3	9	5
7	4	6	9	5	3	2	1	8
3	9	5	1	8	2	4	6	7
4	2	7	5	3	6	9	8	1
9	6	3	7	1	8	5	2	4
5	1	8	2	9	4	6	7	3
8	3	1	6	2	5	7	4	9
6	5	4	8	7	9	1	3	2
2	7	9	3	4	1	8	5	6

129

6	3	9	5	7	2	1	4	8
4	8	1	6	3	9	5	2	7
5	2	7	4	8	1	6	9	3
3	5	4	7	9	8	2	1	6
9	1	8	2	6	5	3	7	4
2	7	6	3	1	4	8	5	9
8	9	3	1	5	7	4	6	2
1	6	2	9	4	3	7	8	5
7	4	5	8	2	6	9	3	1

130

6	8	2	5	7	3	1	4	9
9	7	1	8	2	4	3	5	6
4	5	3	6	1	9	2	8	7
8	1	4	9	3	2	6	7	5
7	3	6	1	4	5	9	2	8
2	9	5	7	8	6	4	3	1
1	4	7	3	9	8	5	6	2
3	6	9	2	5	7	8	1	4
5	2	8	4	6	1	7	9	3

131

5	8	7	3	4	6	1	2	9
3	9	6	1	8	2	5	4	7
1	2	4	9	7	5	8	6	3
6	3	5	4	2	1	7	9	8
4	7	9	6	3	8	2	5	1
2	1	8	7	5	9	4	3	6
8	6	3	5	1	4	9	7	2
7	4	1	2	9	3	6	8	5
9	5	2	8	6	7	3	1	4

132

4	8	1	5	2	7	6	3	9
2	9	6	4	3	1	7	8	5
3	7	5	8	9	6	1	4	2
1	5	4	6	8	3	2	9	7
6	3	7	9	5	2	8	1	4
8	2	9	7	1	4	3	5	6
7	4	8	1	6	9	5	2	3
5	6	2	3	4	8	9	7	1
9	1	3	2	7	5	4	6	8

Sudoku answers

133

8	5	2	6	3	4	7	1	9
3	7	4	5	9	1	2	8	6
9	1	6	2	8	7	5	4	3
7	4	9	3	1	2	8	6	5
2	8	3	9	6	5	1	7	4
1	6	5	4	7	8	9	3	2
5	2	8	1	4	6	3	9	7
4	9	1	7	2	3	6	5	8
6	3	7	8	5	9	4	2	1

134

2	6	9	7	4	1	8	3	5
5	1	7	3	8	9	6	2	4
3	4	8	6	2	5	1	7	9
6	3	4	8	7	2	9	5	1
9	8	5	1	6	3	7	4	2
7	2	1	9	5	4	3	6	8
4	7	3	2	1	8	5	9	6
1	9	2	5	3	6	4	8	7
8	5	6	4	9	7	2	1	3

135

2	9	8	5	7	4	3	1	6
6	4	1	3	2	9	7	5	8
5	7	3	6	8	1	9	4	2
1	5	7	4	6	3	2	8	9
3	6	9	8	1	2	5	7	4
4	8	2	7	9	5	1	6	3
9	3	6	1	5	8	4	2	7
8	1	4	2	3	7	6	9	5
7	2	5	9	4	6	8	3	1

136

7	8	6	3	9	2	5	4	1
9	4	2	5	7	1	3	6	8
3	1	5	4	6	8	7	2	9
5	2	3	1	4	6	9	8	7
8	6	1	7	5	9	2	3	4
4	7	9	8	2	3	1	5	6
2	3	7	9	8	4	6	1	5
6	5	4	2	1	7	8	9	3
1	9	8	6	3	5	4	7	2

137

2	9	3	4	8	1	5	7	6
4	6	7	2	5	3	8	9	1
5	8	1	9	6	7	3	4	2
1	4	9	3	7	8	2	6	5
8	2	6	5	1	4	9	3	7
3	7	5	6	9	2	4	1	8
9	5	8	1	3	6	7	2	4
6	3	2	7	4	5	1	8	9
7	1	4	8	2	9	6	5	3

138

1	9	5	8	7	4	2	3	6
8	3	4	9	6	2	1	7	5
6	2	7	1	3	5	4	9	8
2	7	9	5	4	8	6	1	3
3	1	8	6	9	7	5	2	4
4	5	6	3	2	1	7	8	9
9	4	2	7	5	3	8	6	1
5	8	3	2	1	6	9	4	7
7	6	1	4	8	9	3	5	2

139

2	5	4	8	3	7	9	1	6
6	7	9	4	5	1	8	2	3
3	1	8	6	2	9	7	5	4
4	9	3	7	1	6	2	8	5
1	2	5	3	8	4	6	9	7
8	6	7	2	9	5	3	4	1
5	3	2	1	7	8	4	6	9
7	4	1	9	6	2	5	3	8
9	8	6	5	4	3	1	7	2

140

9	4	1	5	7	2	3	6	8
5	3	2	9	8	6	1	4	7
6	8	7	4	3	1	9	5	2
2	9	5	6	1	8	7	3	4
3	1	6	7	5	4	2	8	9
8	7	4	2	9	3	6	1	5
4	6	9	1	2	5	8	7	3
1	2	3	8	4	7	5	9	6
7	5	8	3	6	9	4	2	1

141

9	4	2	5	6	7	1	8	3
8	1	5	3	2	9	6	4	7
7	6	3	1	8	4	2	5	9
2	8	7	9	4	3	5	1	6
4	5	9	2	1	6	3	7	8
6	3	1	8	7	5	9	2	4
3	9	4	7	5	1	8	6	2
5	2	6	4	3	8	7	9	1
1	7	8	6	9	2	4	3	5

142

6	2	8	4	9	1	5	3	7
4	7	5	6	8	3	9	1	2
3	9	1	7	5	2	6	4	8
1	8	4	5	6	7	3	2	9
7	6	3	9	2	8	4	5	1
2	5	9	3	1	4	8	7	6
8	4	2	1	3	6	7	9	5
5	3	6	2	7	9	1	8	4
9	1	7	8	4	5	2	6	3

143

9	5	8	4	1	3	2	6	7
6	4	3	2	7	5	1	8	9
7	1	2	9	6	8	5	4	3
8	7	6	1	3	4	9	2	5
3	9	5	7	8	2	6	1	4
1	2	4	5	9	6	3	7	8
5	8	1	3	2	7	4	9	6
4	6	9	8	5	1	7	3	2
2	3	7	6	4	9	8	5	1

144

4	5	9	2	7	8	6	3	1
2	8	1	3	4	6	7	9	5
3	6	7	9	1	5	2	8	4
5	3	8	7	2	1	4	6	9
1	9	2	6	3	4	5	7	8
6	7	4	5	8	9	1	2	3
8	2	5	1	9	7	3	4	6
9	1	3	4	6	2	8	5	7
7	4	6	8	5	3	9	1	2

145

1	2	3	8	7	9	4	6	5
8	9	6	4	5	3	2	7	1
7	5	4	2	6	1	8	9	3
2	7	9	5	3	8	1	4	6
5	6	1	7	4	2	9	3	8
3	4	8	9	1	6	7	5	2
4	3	5	1	8	7	6	2	9
6	8	2	3	9	4	5	1	7
9	1	7	6	2	5	3	8	4

146

4	6	7	9	3	5	8	2	1
1	3	5	2	8	6	4	9	7
9	2	8	1	7	4	5	3	6
8	1	2	6	9	3	7	4	5
5	4	3	7	2	8	1	6	9
6	7	9	5	4	1	3	8	2
3	5	1	4	6	9	2	7	8
7	9	4	8	1	2	6	5	3
2	8	6	3	5	7	9	1	4

147

6	1	2	7	8	3	4	9	5
7	5	4	9	6	1	8	2	3
8	9	3	4	2	5	1	6	7
5	4	8	2	3	7	9	1	6
3	6	7	8	1	9	5	4	2
9	2	1	6	5	4	3	7	8
1	8	6	5	4	2	7	3	9
2	3	9	1	7	8	6	5	4
4	7	5	3	9	6	2	8	1

148

6	2	5	7	9	3	4	1	8
4	9	8	5	2	1	6	3	7
7	1	3	4	8	6	5	9	2
9	5	7	6	1	2	3	8	4
1	3	4	9	5	8	7	2	6
2	8	6	3	7	4	9	5	1
3	7	2	8	4	9	1	6	5
8	4	9	1	6	5	2	7	3
5	6	1	2	3	7	8	4	9

149

4	2	9	7	5	1	6	3	8
6	1	3	2	8	9	4	7	5
8	7	5	4	3	6	2	9	1
3	9	1	5	6	8	7	4	2
5	6	7	3	4	2	1	8	9
2	4	8	9	1	7	3	5	6
7	5	6	8	2	4	9	1	3
1	8	4	6	9	3	5	2	7
9	3	2	1	7	5	8	6	4

150

7	2	9	1	4	6	5	3	8
5	1	8	9	7	3	6	2	4
4	6	3	2	8	5	7	9	1
2	9	4	6	3	7	8	1	5
3	8	1	4	5	2	9	7	6
6	7	5	8	9	1	3	4	2
8	3	6	7	2	4	1	5	9
9	4	7	5	1	8	2	6	3
1	5	2	3	6	9	4	8	7

151

9	7	6	8	1	4	2	3	5
8	3	1	2	5	6	9	7	4
4	2	5	3	9	7	8	1	6
1	8	9	7	4	2	5	6	3
6	5	7	9	3	8	4	2	1
3	4	2	1	6	5	7	9	8
2	6	8	4	7	3	1	5	9
5	9	4	6	2	1	3	8	7
7	1	3	5	8	9	6	4	2

152

7	3	1	4	8	6	5	2	9
2	6	5	1	9	7	8	3	4
4	8	9	5	2	3	6	7	1
3	4	2	6	5	1	9	8	7
1	9	6	2	7	8	4	5	3
8	5	7	9	3	4	2	1	6
5	2	4	7	1	9	3	6	8
9	1	8	3	6	2	7	4	5
6	7	3	8	4	5	1	9	2

153

9	7	2	8	3	4	1	5	6
3	6	4	2	1	5	7	8	9
1	8	5	7	6	9	2	4	3
6	4	3	9	8	1	5	2	7
2	5	1	4	7	6	9	3	8
8	9	7	3	5	2	4	6	1
4	3	9	6	2	7	8	1	5
5	2	6	1	9	8	3	7	4
7	1	8	5	4	3	6	9	2

154

6	4	2	9	8	7	5	1	3
7	9	3	5	4	1	8	2	6
1	5	8	2	6	3	7	4	9
9	1	5	7	3	6	4	8	2
3	6	7	8	2	4	1	9	5
8	2	4	1	9	5	6	3	7
2	8	1	6	7	9	3	5	4
5	3	6	4	1	2	9	7	8
4	7	9	3	5	8	2	6	1

155

7	8	6	5	1	4	3	9	2
3	4	5	2	7	9	1	6	8
1	2	9	6	3	8	7	4	5
8	7	4	1	2	6	9	5	3
5	3	1	9	8	7	4	2	6
9	6	2	4	5	3	8	7	1
6	5	7	3	9	1	2	8	4
2	1	8	7	4	5	6	3	9
4	9	3	8	6	2	5	1	7

156

1	4	5	8	9	2	3	6	7
7	2	6	3	4	5	1	9	8
8	9	3	1	6	7	5	4	2
5	8	7	9	1	3	4	2	6
2	3	4	6	7	8	9	1	5
6	1	9	2	5	4	7	8	3
9	6	8	7	3	1	2	5	4
3	5	2	4	8	9	6	7	1
4	7	1	5	2	6	8	3	9

157

4	7	3	9	8	5	6	2	1
2	1	8	7	6	3	9	4	5
9	5	6	1	4	2	7	3	8
5	4	9	8	2	1	3	6	7
3	6	2	5	7	9	8	1	4
7	8	1	6	3	4	2	5	9
6	9	5	3	1	8	4	7	2
8	2	7	4	5	6	1	9	3
1	3	4	2	9	7	5	8	6

158

3	8	4	9	1	2	7	5	6
2	7	6	4	5	3	8	1	9
1	5	9	8	6	7	2	4	3
9	2	5	7	4	6	1	3	8
6	4	1	5	3	8	9	2	7
7	3	8	2	9	1	4	6	5
5	9	2	6	8	4	3	7	1
8	1	7	3	2	5	6	9	4
4	6	3	1	7	9	5	8	2

159

1	2	8	7	4	9	5	6	3
6	3	7	1	5	8	2	9	4
4	9	5	6	2	3	8	7	1
8	1	4	9	6	2	3	5	7
2	7	3	4	8	5	6	1	9
5	6	9	3	7	1	4	2	8
9	4	1	5	3	6	7	8	2
7	8	6	2	1	4	9	3	5
3	5	2	8	9	7	1	4	6

160

2	9	3	8	5	6	4	7	1
1	5	4	2	3	7	8	6	9
6	7	8	4	9	1	5	2	3
7	4	9	6	8	2	3	1	5
8	2	1	3	4	5	6	9	7
3	6	5	7	1	9	2	4	8
5	8	2	1	7	4	9	3	6
4	3	7	9	6	8	1	5	2
9	1	6	5	2	3	7	8	4

161

9	7	4	3	5	8	1	2	6
8	5	6	2	1	4	7	3	9
1	2	3	6	9	7	5	4	8
2	3	1	4	7	9	6	8	5
5	6	7	8	3	1	2	9	4
4	8	9	5	2	6	3	1	7
7	9	5	1	8	3	4	6	2
6	1	8	7	4	2	9	5	3
3	4	2	9	6	5	8	7	1

162

4	3	1	7	6	5	8	9	2
9	2	7	4	8	1	6	3	5
6	5	8	2	3	9	7	4	1
1	7	3	6	9	2	5	8	4
2	8	6	5	1	4	3	7	9
5	9	4	3	7	8	2	1	6
8	4	5	1	2	7	9	6	3
7	6	2	9	4	3	1	5	8
3	1	9	8	5	6	4	2	7

163

8	6	3	5	9	2	7	4	1
1	2	4	7	8	6	5	9	3
7	9	5	4	3	1	8	6	2
3	8	2	1	6	7	9	5	4
5	1	7	9	4	8	3	2	6
6	4	9	3	2	5	1	8	7
9	7	1	2	5	4	6	3	8
2	3	6	8	1	9	4	7	5
4	5	8	6	7	3	2	1	9

164

3	1	9	7	8	4	6	2	5
5	2	8	6	3	9	1	7	4
6	4	7	2	5	1	8	3	9
1	6	5	4	7	3	9	8	2
7	9	3	8	2	5	4	1	6
2	8	4	9	1	6	3	5	7
8	7	6	3	9	2	5	4	1
9	3	1	5	4	7	2	6	8
4	5	2	1	6	8	7	9	3

165

6	8	7	3	9	5	1	2	4
9	5	2	4	1	6	7	8	3
3	4	1	8	2	7	6	9	5
1	7	9	2	5	4	3	6	8
5	2	6	7	8	3	9	4	1
8	3	4	1	6	9	5	7	2
2	9	8	5	7	1	4	3	6
7	1	3	6	4	8	2	5	9
4	6	5	9	3	2	8	1	7

166

3	2	7	1	8	6	4	5	9
9	1	6	7	4	5	3	2	8
5	8	4	9	2	3	1	6	7
2	9	1	8	5	4	7	3	6
6	5	8	3	7	2	9	4	1
7	4	3	6	9	1	2	8	5
8	3	9	4	6	7	5	1	2
1	7	5	2	3	8	6	9	4
4	6	2	5	1	9	8	7	3

167

6	4	8	2	9	5	3	1	7
1	7	9	8	3	6	5	4	2
2	3	5	4	1	7	6	9	8
9	5	4	7	6	3	2	8	1
7	2	6	5	8	1	9	3	4
8	1	3	9	2	4	7	6	5
4	9	1	6	7	2	8	5	3
3	8	7	1	5	9	4	2	6
5	6	2	3	4	8	1	7	9

168

3	6	1	8	7	9	2	5	4
7	5	9	2	3	4	6	1	8
2	8	4	6	5	1	7	9	3
5	4	6	7	9	2	3	8	1
8	3	7	1	4	5	9	2	6
9	1	2	3	6	8	5	4	7
1	7	8	9	2	6	4	3	5
6	9	5	4	1	3	8	7	2
4	2	3	5	8	7	1	6	9

169

5	8	3	2	1	7	6	9	4
1	9	6	3	5	4	8	2	7
2	7	4	6	8	9	5	1	3
9	3	5	4	7	2	1	6	8
6	4	1	5	9	8	3	7	2
7	2	8	1	3	6	4	5	9
4	5	7	9	6	3	2	8	1
3	6	9	8	2	1	7	4	5
8	1	2	7	4	5	9	3	6

170

5	4	8	7	9	6	3	1	2
9	6	1	4	2	3	7	5	8
2	7	3	8	5	1	4	9	6
4	1	7	3	8	9	6	2	5
8	5	6	2	1	7	9	4	3
3	9	2	6	4	5	8	7	1
6	3	5	9	7	2	1	8	4
1	8	9	5	3	4	2	6	7
7	2	4	1	6	8	5	3	9

171

9	3	4	7	5	6	2	8	1
2	7	8	4	3	1	5	6	9
5	1	6	2	8	9	3	4	7
7	9	2	6	4	8	1	5	3
1	6	3	5	7	2	4	9	8
4	8	5	9	1	3	7	2	6
6	5	9	1	2	7	8	3	4
3	2	1	8	9	4	6	7	5
8	4	7	3	6	5	9	1	2

172

1	4	8	7	5	3	6	2	9
5	9	2	6	8	4	1	3	7
6	3	7	2	9	1	5	8	4
8	1	9	5	3	6	4	7	2
3	5	4	9	7	2	8	6	1
2	7	6	4	1	8	3	9	5
9	8	3	1	2	5	7	4	6
4	2	5	8	6	7	9	1	3
7	6	1	3	4	9	2	5	8

173

4	3	2	7	8	1	6	9	5
7	5	6	9	3	4	8	2	1
9	1	8	2	5	6	4	3	7
1	4	9	6	2	3	7	5	8
6	8	3	4	7	5	9	1	2
5	2	7	8	1	9	3	4	6
2	7	4	1	9	8	5	6	3
3	9	1	5	6	7	2	8	4
8	6	5	3	4	2	1	7	9

174

8	3	2	6	7	1	5	9	4
1	7	5	9	8	4	6	3	2
6	4	9	5	3	2	7	1	8
3	2	7	4	9	6	1	8	5
5	8	1	3	2	7	9	4	6
4	9	6	8	1	5	3	2	7
2	5	4	1	6	3	8	7	9
9	6	3	7	4	8	2	5	1
7	1	8	2	5	9	4	6	3

175

2	4	1	7	6	5	3	8	9
3	7	9	8	4	2	1	6	5
5	6	8	9	3	1	2	7	4
6	1	5	4	2	3	8	9	7
4	8	7	6	1	9	5	3	2
9	3	2	5	8	7	4	1	6
8	2	6	1	9	4	7	5	3
1	5	4	3	7	6	9	2	8
7	9	3	2	5	8	6	4	1

176

4	1	8	3	5	9	2	6	7
6	5	7	2	4	8	9	1	3
2	3	9	6	1	7	5	4	8
8	2	5	4	3	1	7	9	6
7	9	1	8	2	6	3	5	4
3	4	6	9	7	5	1	8	2
9	7	4	5	6	3	8	2	1
5	6	3	1	8	2	4	7	9
1	8	2	7	9	4	6	3	5

177

5	3	8	7	2	9	4	6	1
1	7	2	6	4	5	3	9	8
9	4	6	1	8	3	2	5	7
4	8	1	5	7	6	9	2	3
3	2	5	9	1	8	7	4	6
6	9	7	2	3	4	8	1	5
8	1	3	4	5	2	6	7	9
2	5	9	3	6	7	1	8	4
7	6	4	8	9	1	5	3	2

178

1	7	2	3	4	9	5	8	6
5	6	4	8	7	2	9	3	1
8	3	9	5	6	1	4	7	2
3	2	6	4	1	8	7	5	9
9	8	7	6	5	3	1	2	4
4	5	1	2	9	7	8	6	3
7	4	5	9	3	6	2	1	8
6	1	8	7	2	4	3	9	5
2	9	3	1	8	5	6	4	7

179

6	5	2	8	3	1	7	9	4
7	3	4	5	2	9	8	1	6
9	8	1	7	4	6	5	2	3
1	2	5	9	8	4	6	3	7
3	6	9	1	5	7	2	4	8
8	4	7	2	6	3	1	5	9
5	7	6	3	9	2	4	8	1
4	9	8	6	1	5	3	7	2
2	1	3	4	7	8	9	6	5

180

4	6	7	9	2	8	1	5	3
8	1	5	3	4	6	2	9	7
9	2	3	5	7	1	4	6	8
5	8	2	7	3	9	6	1	4
6	7	9	4	1	2	3	8	5
1	3	4	6	8	5	9	7	2
3	9	6	2	5	7	8	4	1
7	4	8	1	9	3	5	2	6
2	5	1	8	6	4	7	3	9

181

4	8	3	1	2	9	7	6	5
7	9	6	5	8	3	4	1	2
5	1	2	4	7	6	9	8	3
1	6	5	8	9	7	2	3	4
8	2	7	3	4	1	6	5	9
3	4	9	2	6	5	1	7	8
6	7	8	9	3	2	5	4	1
2	3	1	7	5	4	8	9	6
9	5	4	6	1	8	3	2	7

182

1	6	9	8	7	5	4	2	3
8	3	4	2	1	9	7	5	6
5	2	7	4	3	6	1	8	9
7	9	5	1	8	3	6	4	2
2	1	6	5	9	4	3	7	8
4	8	3	6	2	7	5	9	1
3	7	8	9	5	1	2	6	4
6	5	2	3	4	8	9	1	7
9	4	1	7	6	2	8	3	5

183

5	2	3	1	4	9	7	8	6
9	7	1	8	2	6	4	3	5
4	6	8	7	3	5	9	1	2
3	8	4	9	6	1	2	5	7
7	1	9	4	5	2	3	6	8
6	5	2	3	8	7	1	9	4
8	3	7	5	1	4	6	2	9
2	4	5	6	9	3	8	7	1
1	9	6	2	7	8	5	4	3

184

9	4	5	6	7	8	1	3	2
1	7	3	4	5	2	8	9	6
8	2	6	3	9	1	4	5	7
6	1	2	7	8	5	3	4	9
5	9	7	2	3	4	6	8	1
3	8	4	1	6	9	7	2	5
2	6	8	9	1	3	5	7	4
7	5	9	8	4	6	2	1	3
4	3	1	5	2	7	9	6	8

185

1	6	8	2	4	7	3	5	9
7	2	5	3	9	8	1	4	6
4	9	3	5	6	1	7	8	2
8	1	2	6	5	3	9	7	4
5	7	9	1	2	4	6	3	8
6	3	4	7	8	9	2	1	5
3	4	6	8	7	2	5	9	1
9	5	1	4	3	6	8	2	7
2	8	7	9	1	5	4	6	3

186

4	9	5	2	6	1	7	8	3
8	7	2	5	3	4	6	9	1
1	3	6	7	9	8	2	5	4
3	1	4	6	5	7	9	2	8
2	5	7	8	4	9	1	3	6
6	8	9	1	2	3	5	4	7
5	2	8	3	7	6	4	1	9
9	6	1	4	8	5	3	7	2
7	4	3	9	1	2	8	6	5

187

3	4	6	2	7	1	8	9	5
1	9	7	5	8	6	3	2	4
8	2	5	9	3	4	1	6	7
4	1	2	7	5	8	9	3	6
5	6	9	1	4	3	7	8	2
7	8	3	6	9	2	5	4	1
2	5	8	3	6	7	4	1	9
6	7	4	8	1	9	2	5	3
9	3	1	4	2	5	6	7	8

188

3	5	2	8	4	1	9	7	6
7	1	9	2	6	3	8	5	4
8	6	4	9	5	7	3	1	2
1	4	3	6	8	9	7	2	5
2	8	6	3	7	5	1	4	9
9	7	5	1	2	4	6	8	3
6	9	7	5	1	2	4	3	8
5	3	1	4	9	8	2	6	7
4	2	8	7	3	6	5	9	1

Sudoku answers

189

8	7	1	5	2	9	3	4	6
3	9	4	8	6	7	2	5	1
5	2	6	1	3	4	9	8	7
9	4	3	6	8	2	1	7	5
2	6	7	4	1	5	8	9	3
1	8	5	7	9	3	6	2	4
7	1	9	2	4	6	5	3	8
6	5	2	3	7	8	4	1	9
4	3	8	9	5	1	7	6	2

190

7	4	5	9	8	3	1	2	6
9	2	6	7	4	1	5	8	3
1	3	8	5	6	2	4	9	7
3	8	1	4	5	9	6	7	2
2	9	7	8	1	6	3	4	5
5	6	4	2	3	7	9	1	8
4	1	2	3	7	5	8	6	9
6	7	3	1	9	8	2	5	4
8	5	9	6	2	4	7	3	1

Megasudoku answers

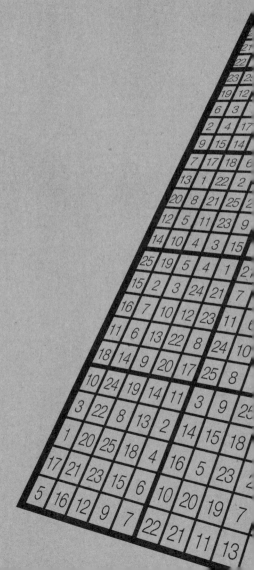

```
1  5  17  7  10  23  6  19  15  4  24  25  3  12  22  13  9  20  21  14
10 25 20 19  8  11 21  12   9 22   1   6  7  16  15  14 17  24  23   5
9  14 18  1  3  22 13  21   7 10  11  17 20   2   5   6 23  12  25   4
3  12 24 16  5  15 13  20   2 14   8  18 10  11  25   4  1  17  15   7  10
12  2  4 14  9  25 18  16   5  3  23  24 19   8   1  21 15   7   3  13   1
9   2 21 14 19  22 17  20   4 18   8  15  7  11   6   3 13   1
15 17  4 25  7   2  8   3  16  5   9  22 14  18  20  11 10   6
23 18 12  8  1  11 19  14   9 10   2  13 21  16  24   4 15  17
11  6 20 10 24  21 15  25   7 23   3   1 12   5  18  16 19
3  24 16 22 23   1  6  13  12 25   4  10 17  19   8   2 21
25  5 10 11 15  12 16  20   1 22  24   9 23   3  21  14 13
15 21 14  3 11  18  5   9  10  8   4  20  7  17   6  25
22  3  2 10 14   7 17   4  19  6  13   5 18  16   9  23
24 18  6 22 21   8  2  14  17 25  15  16 10  19   3
17  9 25 13 19  23 24  11   1 12  21   2 22   8  18
18 23 16  3 12   6 11  17   7 20  24   8  9  22  15
16 17 18  1 19  20  4  11   6 10  13  14  5   8
20  8  5 13 21  22 15  14  18  9  25   2  3  24
5   9 23 25  2  14  1  21  19  3  12   7 18  20
4  10 24  7 15   5 23  16   2 22   6  11 12
5   2 23 18 16  21 20  17   7  1  13   4 22
7   4  9 12 21  16 25  23  19 10   5  20  1
4   6  8 15 13  12  9   3  22 11
24 11 22  3 10
```

1

7	8	17	14	20	21	19	9	23	2	22	3	15	25	12	13	18	1	16	24	11	10	4	6	5
1	11	24	19	9	14	6	15	7	5	4	10	2	18	20	12	8	21	22	17	25	13	3	16	23
4	13	12	3	25	8	17	10	18	16	14	21	6	9	24	2	5	11	20	23	22	15	7	19	1
22	2	10	21	16	4	24	20	25	3	1	13	23	5	11	7	6	15	14	19	17	12	8	18	9
18	5	6	15	23	12	11	13	1	22	19	7	8	16	17	25	10	3	4	9	2	14	24	21	20
8	18	15	9	11	20	22	7	21	4	13	2	1	6	5	16	3	12	25	10	19	23	17	14	24
16	23	21	25	3	13	5	12	11	19	24	4	9	7	18	17	20	14	15	6	1	22	2	10	8
17	22	14	24	7	1	9	18	6	10	12	19	25	8	15	21	13	23	2	5	16	20	11	3	4
20	12	4	6	1	2	23	16	24	17	3	22	21	14	10	19	9	8	11	7	15	5	18	25	13
13	19	2	5	10	3	15	25	14	8	11	20	17	23	16	24	22	18	1	4	6	7	21	9	12
9	3	5	23	15	16	14	4	12	20	25	6	24	22	2	8	11	17	7	21	18	1	19	13	10
2	4	20	8	12	7	1	21	10	15	9	14	18	11	13	6	23	5	19	22	3	24	16	17	25
10	24	1	22	18	25	3	23	19	6	15	17	7	21	4	20	16	13	9	14	8	11	12	5	2
14	17	25	11	13	9	8	24	22	18	16	5	20	1	19	10	12	4	3	2	7	6	23	15	21
6	21	7	16	19	11	2	17	5	13	23	12	10	3	8	18	1	25	24	15	14	4	9	20	22
12	16	22	2	4	18	21	5	20	1	6	8	11	17	25	9	14	24	23	13	10	3	15	7	19
15	9	11	18	6	19	12	8	17	24	20	1	13	4	14	22	25	7	10	3	23	21	5	2	16
24	7	23	20	5	22	25	2	4	14	10	15	3	19	9	11	21	16	18	8	13	17	1	12	6
3	25	8	1	17	10	7	11	13	9	21	23	16	2	22	15	19	6	5	12	4	18	20	24	14
19	14	13	10	21	6	16	3	15	23	5	18	12	24	7	4	2	20	17	1	9	25	22	8	11
21	20	3	17	2	5	4	22	8	25	18	9	14	12	6	23	7	19	13	11	24	16	10	1	15
23	6	16	12	22	15	18	19	9	7	8	24	4	13	1	5	17	10	21	25	20	2	14	11	3
11	10	19	7	24	17	13	1	16	21	2	25	22	15	3	14	4	9	12	20	5	8	6	23	18
25	15	9	4	8	23	20	14	3	11	7	16	5	10	21	1	24	2	6	18	12	19	13	22	17
5	1	18	13	14	24	10	6	2	12	17	11	19	20	23	3	15	22	8	16	21	9	25	4	7

Megasudoku answers

20	4	6	5	19	15	23	12	2	24	18	7	16	1	10	25	3	22	13	21	8	14	9	11	17
16	24	21	9	25	17	13	7	19	1	2	14	11	22	6	4	8	5	12	23	10	15	20	18	3
15	7	10	18	14	3	5	25	9	11	8	4	21	12	24	20	1	16	17	6	13	2	23	19	22
13	3	8	17	2	10	22	16	21	4	20	5	19	23	15	11	14	18	9	24	1	12	7	25	6
11	1	22	23	12	14	18	20	8	6	3	17	9	13	25	10	15	2	7	19	16	21	24	4	5
24	20	3	12	22	18	7	2	6	10	9	19	5	14	21	1	16	23	25	13	11	4	17	15	8
6	5	7	13	18	1	4	14	12	15	25	2	8	11	16	21	20	10	19	17	23	3	22	24	9
9	11	23	25	16	13	8	17	20	19	1	10	24	3	4	22	2	15	18	7	21	6	5	12	14
19	2	1	21	8	22	24	9	5	25	17	6	15	18	23	12	4	11	14	3	20	7	13	16	10
17	10	14	4	15	21	3	23	11	16	12	22	20	7	13	6	9	24	8	5	18	1	25	2	19
4	6	12	14	1	23	16	18	17	20	24	8	7	10	22	2	21	3	5	15	25	13	19	9	11
21	9	2	24	3	25	6	15	10	8	11	12	1	17	19	14	13	7	23	20	4	22	18	5	16
18	8	20	19	10	7	11	1	22	5	23	25	13	16	14	9	24	4	6	12	15	17	3	21	2
23	13	16	15	11	4	12	19	14	9	21	3	18	5	2	17	25	8	22	1	7	10	6	20	24
5	25	17	22	7	24	21	3	13	2	6	20	4	15	9	16	11	19	10	18	14	8	12	23	1
1	18	9	16	17	6	20	22	15	12	7	13	3	21	8	24	5	14	2	25	19	11	4	10	23
8	15	4	3	24	19	25	10	1	23	14	18	17	6	5	7	12	21	11	9	2	20	16	22	13
14	22	13	10	6	5	2	8	3	17	4	11	23	25	1	18	19	20	15	16	24	9	21	7	12
25	23	5	2	20	11	14	24	7	21	16	9	10	19	12	13	17	6	4	22	3	18	1	8	15
12	19	11	7	21	16	9	4	18	13	22	15	2	24	20	8	23	1	3	10	17	5	14	6	25
7	21	18	20	9	2	15	6	16	3	10	23	12	8	17	19	22	13	24	14	5	25	11	1	4
10	16	25	11	4	12	17	21	23	14	5	24	22	2	7	3	18	9	1	8	6	19	15	13	20
2	14	19	8	5	20	1	13	4	22	15	21	6	9	3	23	7	25	16	11	12	24	10	17	18
22	12	24	1	13	8	10	5	25	18	19	16	14	20	11	15	6	17	21	4	9	23	2	3	7
3	17	15	6	23	9	19	11	24	7	13	1	25	4	18	5	10	12	20	2	22	16	8	14	21

3

1	16	2	4	17	20	18	10	19	8	22	9	15	7	21	5	3	24	13	6	25	14	23	11	12
21	10	9	19	24	4	22	16	7	13	5	3	25	12	6	20	14	17	23	11	2	8	18	15	1
11	15	13	12	7	3	21	17	6	1	23	24	16	2	14	8	25	18	22	4	5	20	10	9	19
3	22	25	8	6	5	23	15	14	12	20	18	19	11	10	2	1	7	9	21	24	17	4	16	13
5	20	14	18	23	24	25	11	2	9	4	17	8	13	1	19	12	10	16	15	22	21	3	6	7
25	9	21	7	15	22	24	19	11	23	18	1	12	5	13	4	20	16	3	2	8	10	6	14	17
19	24	3	11	16	1	20	8	10	7	14	4	6	15	2	23	22	9	21	17	12	25	13	5	18
13	12	8	6	22	2	3	14	25	21	24	19	11	17	16	7	18	15	5	10	20	1	9	23	4
14	23	10	2	5	6	17	13	4	18	9	21	20	25	7	1	24	8	19	12	16	15	11	22	3
17	4	18	20	1	9	15	12	5	16	10	22	3	23	8	13	6	11	25	14	7	2	21	19	24
4	13	20	9	2	16	19	6	24	22	11	23	7	1	12	3	8	21	10	25	15	18	14	17	5
8	21	17	24	18	15	5	20	12	25	3	10	4	14	19	22	11	2	6	7	13	23	16	1	9
15	14	1	22	12	23	9	3	21	11	17	5	2	8	25	18	19	13	20	16	6	4	7	24	10
6	7	5	25	3	10	14	1	8	2	15	13	24	16	18	9	4	12	17	23	19	11	22	20	21
10	11	16	23	19	18	13	7	17	4	21	6	22	9	20	14	15	5	24	1	3	12	25	2	8
22	18	7	13	14	8	2	23	15	24	1	11	5	20	3	17	21	25	12	9	4	6	19	10	16
20	25	24	3	8	14	1	21	16	5	19	2	17	6	23	10	7	4	18	22	11	9	12	13	15
2	17	19	15	11	7	12	4	18	3	16	25	9	10	22	6	13	1	8	20	14	5	24	21	23
9	6	4	5	21	11	10	25	22	17	8	12	13	18	15	24	16	23	14	19	1	7	2	3	20
23	1	12	16	10	19	6	9	13	20	7	14	21	24	4	15	2	3	11	5	17	22	8	18	25
12	2	23	21	9	13	4	24	20	10	25	16	14	3	5	11	17	6	1	8	18	19	15	7	22
24	5	15	10	4	17	8	18	9	19	13	7	1	22	11	25	23	14	2	3	21	16	20	12	6
7	8	22	1	13	25	11	2	3	6	12	20	23	21	9	16	5	19	15	18	10	24	17	4	14
18	19	6	17	25	12	16	22	1	14	2	15	10	4	24	21	9	20	7	13	23	3	5	8	11
16	3	11	14	20	21	7	5	23	15	6	8	18	19	17	12	10	22	4	24	9	13	1	25	2

10	1	6	17	8	15	16	21	7	14	4	18	12	5	23	24	2	9	11	25	20	13	19	3	22
21	15	7	19	25	12	4	6	8	1	24	3	14	16	20	13	10	18	22	5	17	2	23	11	9
4	14	2	11	13	9	5	23	18	25	8	15	22	17	1	19	21	3	16	20	24	7	12	10	6
22	3	23	5	12	13	19	20	24	10	7	6	11	2	9	8	17	15	1	14	21	25	16	4	18
24	16	20	9	18	11	3	17	22	2	19	13	25	21	10	23	4	7	6	12	5	8	15	14	1
17	18	24	15	7	25	21	12	14	16	5	10	6	11	8	2	20	1	23	9	3	4	22	13	19
13	5	12	6	3	1	15	10	9	8	20	22	21	23	25	16	14	4	24	19	2	11	7	18	17
14	20	11	10	1	4	24	18	17	23	13	12	7	19	2	22	5	6	15	3	16	21	9	25	8
2	8	21	16	9	22	7	11	19	20	14	4	1	3	15	10	25	13	17	18	6	23	24	5	12
25	23	19	4	22	2	13	5	6	3	9	17	24	18	16	21	12	11	8	7	14	20	10	1	15
5	9	8	13	16	10	11	24	1	21	18	7	20	4	17	12	3	22	2	6	25	15	14	19	23
20	19	17	7	23	8	18	25	13	5	12	11	16	6	22	9	15	14	4	1	10	3	21	2	24
6	10	14	21	4	19	17	15	20	9	25	23	2	24	3	11	13	16	5	8	18	12	1	22	7
18	2	22	12	11	7	14	16	3	6	21	1	19	15	13	20	24	10	25	23	8	17	5	9	4
3	25	1	24	15	23	12	4	2	22	10	9	8	14	5	18	7	17	19	21	13	6	20	16	11
8	4	13	3	24	14	25	9	16	7	22	19	17	12	21	1	18	23	20	2	11	5	6	15	10
16	17	9	22	21	20	6	1	23	12	2	14	10	25	7	15	11	5	13	4	19	24	18	8	3
7	6	5	23	2	18	8	19	21	11	3	24	15	1	4	14	16	25	12	10	9	22	13	17	20
1	11	15	25	14	24	2	13	10	17	6	8	5	20	18	3	9	19	7	22	12	16	4	23	21
19	12	10	18	20	5	22	3	4	15	23	16	9	13	11	6	8	24	21	17	1	14	25	7	2
23	21	18	2	17	3	10	14	12	4	16	5	13	22	19	7	6	20	9	11	15	1	8	24	25
9	13	25	14	6	17	1	8	5	18	15	2	23	7	12	4	19	21	3	24	22	10	11	20	16
12	22	16	1	19	6	20	7	11	13	17	25	18	8	24	5	23	2	10	15	4	9	3	21	14
11	24	3	20	10	16	23	2	15	19	1	21	4	9	6	25	22	8	14	13	7	18	17	12	5
15	7	4	8	5	21	9	22	25	24	11	20	3	10	14	17	1	12	18	16	23	19	2	6	13

5

8	18	16	1	5	17	7	10	23	6	19	15	4	24	25	3	12	22	13	9	20	21	14	2	11
4	13	2	10	25	20	19	8	11	21	12	9	22	1	6	7	16	15	14	17	24	23	5	3	18
24	9	15	19	14	18	1	3	22	13	21	7	10	11	17	20	2	5	6	23	12	25	4	8	16
21	23	6	7	3	12	24	16	5	15	13	20	2	14	8	18	10	11	25	4	1	17	9	22	19
22	11	20	17	12	2	4	14	9	25	18	16	5	3	23	24	19	8	1	21	15	7	10	6	13
23	25	24	16	10	9	2	21	14	19	22	17	20	4	18	8	15	7	11	6	3	13	1	5	12
19	12	1	21	13	15	17	4	25	7	2	8	3	16	5	9	22	14	18	20	11	10	6	24	23
6	3	7	5	20	23	18	12	8	1	11	19	14	9	10	2	13	21	16	24	4	15	17	25	22
2	4	17	8	22	13	11	6	20	10	24	21	15	25	7	23	3	1	12	5	18	16	19	9	14
9	15	14	11	18	5	3	24	16	22	23	1	6	13	12	25	4	10	17	19	8	2	21	20	7
7	17	18	6	19	8	25	5	10	11	15	12	16	20	1	22	24	9	23	3	21	14	13	4	2
13	1	22	2	16	19	23	15	21	14	3	11	18	5	9	10	8	4	20	7	17	6	25	12	24
20	8	21	25	24	1	12	22	3	2	10	14	7	17	4	19	6	13	5	18	16	9	23	11	15
12	5	11	23	9	4	13	7	24	18	6	22	21	8	2	14	17	25	15	16	10	19	3	1	20
14	10	4	3	15	6	16	20	17	9	25	13	19	23	24	11	1	12	21	2	22	8	18	7	5
25	19	5	4	1	21	14	2	18	23	16	3	12	6	11	17	7	20	24	8	9	22	15	13	10
15	2	3	24	21	7	22	9	12	16	17	18	1	19	20	4	11	6	10	13	14	5	8	23	25
16	7	10	12	23	11	6	1	4	20	8	5	13	21	22	15	14	18	9	25	2	3	24	19	17
11	6	13	22	8	24	10	17	15	5	9	23	25	2	14	1	21	19	3	12	7	18	20	16	4
18	14	9	20	17	25	8	13	19	3	4	10	24	7	15	5	23	16	2	22	6	11	12	21	1
10	24	19	14	11	3	9	25	6	12	5	2	23	18	16	21	20	17	7	1	13	4	22	15	8
3	22	8	13	2	14	15	18	1	24	7	4	9	12	21	16	25	23	19	10	5	20	11	17	6
1	20	25	18	4	16	5	23	2	17	14	6	8	15	13	12	9	3	22	11	19	24	7	10	21
17	21	23	15	6	10	20	19	7	4	1	24	11	22	3	13	5	2	8	14	25	12	16	18	9
5	16	12	9	7	22	21	11	13	8	20	25	17	10	19	6	18	24	4	15	23	1	2	14	3

Megasudoku answers

23	16	18	20	17	19	24	8	15	14	2	12	6	11	1	4	21	3	9	13	5	22	10	7	25
22	15	11	24	1	4	12	7	6	16	18	13	21	23	5	25	17	20	8	10	3	19	14	2	9
14	12	4	3	10	21	5	18	22	13	25	8	20	9	19	23	2	7	24	6	11	15	1	16	17
13	19	21	7	9	25	2	1	3	10	16	17	24	15	4	14	12	22	11	5	6	8	18	23	20
25	6	5	2	8	23	20	9	11	17	14	3	10	7	22	19	15	16	18	1	4	21	12	13	24
17	10	22	1	12	20	23	5	16	21	9	11	25	18	6	24	7	8	19	14	13	4	3	15	2
15	9	6	8	13	7	10	25	17	4	24	5	23	2	14	21	20	1	3	22	19	11	16	12	18
11	24	3	25	5	13	14	15	18	9	20	21	8	19	12	17	4	6	2	16	22	7	23	10	1
20	2	7	16	14	24	11	19	8	3	4	22	13	1	15	18	10	23	12	25	9	5	6	17	21
4	21	23	18	19	22	6	2	12	1	17	7	3	16	10	9	13	15	5	11	14	24	25	20	8
2	18	16	23	4	6	22	14	19	25	10	20	11	17	8	5	24	13	7	12	1	9	15	21	3
12	1	14	11	7	17	16	10	21	23	6	19	5	24	2	8	18	9	15	3	20	13	22	25	4
9	20	15	19	24	18	8	12	7	2	13	16	1	4	3	11	25	10	22	21	17	23	5	6	14
3	17	13	22	25	5	9	24	20	15	12	14	18	21	7	6	1	4	23	19	10	16	2	8	11
6	5	8	10	21	3	1	13	4	11	23	15	22	25	9	2	16	14	20	17	24	12	7	18	19
5	14	25	15	18	12	19	16	23	22	7	9	17	20	13	1	6	11	4	2	8	3	21	24	10
21	11	9	4	23	14	15	3	13	7	8	24	12	22	25	16	5	18	10	20	2	1	17	19	6
1	8	24	12	16	11	25	20	2	5	15	10	19	6	18	3	22	17	21	9	23	14	13	4	7
7	13	10	6	22	1	17	4	9	24	3	2	16	14	21	12	23	19	25	8	15	18	20	11	5
19	3	20	17	2	8	21	6	10	18	1	23	4	5	11	7	14	24	13	15	12	25	9	22	16
24	22	17	5	15	9	13	21	25	19	11	4	14	12	20	10	3	2	16	7	18	6	8	1	23
18	4	1	14	6	10	7	22	5	8	19	25	2	3	16	15	11	12	17	23	21	20	24	9	13
10	7	12	9	11	16	4	23	1	6	21	18	15	13	17	20	8	5	14	24	25	2	19	3	22
16	25	2	13	3	15	18	17	24	20	5	6	9	8	23	22	19	21	1	4	7	10	11	14	12
8	23	19	21	20	2	3	11	14	12	22	1	7	10	24	13	9	25	6	18	16	17	4	5	15

Megasudoku answers

7

19	22	24	23	7	18	20	11	21	25	3	9	17	4	10	14	2	6	16	12	1	5	15	8	13
16	18	3	10	17	5	6	15	8	23	12	11	7	13	14	21	1	9	20	25	2	22	4	24	19
12	21	13	1	9	2	17	14	16	4	24	22	8	19	5	10	7	15	23	3	6	18	25	11	20
6	14	8	15	5	7	13	19	9	3	16	1	20	2	25	11	4	22	24	18	17	23	12	10	21
4	20	11	25	2	24	1	12	22	10	23	18	6	15	21	5	19	13	8	17	9	3	16	14	7
15	12	16	4	19	14	22	13	1	18	9	3	10	17	8	20	21	25	7	23	5	11	2	6	24
9	3	7	20	14	12	11	4	5	8	6	23	25	22	18	24	13	16	19	2	15	21	10	1	17
24	6	18	21	22	3	25	10	17	16	2	19	5	11	1	9	14	4	12	15	8	13	20	7	23
25	2	5	11	1	23	15	24	19	20	13	14	21	7	16	8	22	17	6	10	12	4	3	18	9
17	10	23	13	8	21	9	2	6	7	15	4	24	20	12	3	18	11	5	1	16	19	22	25	14
5	4	17	6	20	25	3	1	7	24	10	13	22	8	2	15	23	21	9	19	11	12	14	16	18
7	23	1	22	25	9	4	5	12	21	14	15	16	3	24	18	8	20	11	13	10	2	19	17	6
3	15	12	19	18	11	8	6	10	14	20	25	23	21	17	4	5	7	2	16	24	1	13	9	22
13	24	2	9	21	16	19	17	20	15	7	12	11	18	6	25	10	14	1	22	3	8	23	5	4
11	16	14	8	10	22	18	23	13	2	19	5	4	1	9	6	17	12	3	24	7	25	21	20	15
20	11	4	5	3	8	14	22	15	9	25	17	12	10	19	16	24	23	13	21	18	6	7	2	1
2	25	15	14	6	19	24	7	23	12	22	21	18	9	4	17	20	1	10	5	13	16	8	3	11
10	8	21	16	24	17	5	25	4	13	1	7	15	6	23	2	3	18	14	11	22	20	9	19	12
1	9	19	12	23	6	2	20	18	11	5	16	13	24	3	22	15	8	4	7	25	14	17	21	10
18	7	22	17	13	10	16	21	3	1	8	20	2	14	11	12	9	19	25	6	4	15	24	23	5
22	17	20	3	4	15	23	18	2	6	11	24	9	16	13	7	25	5	21	14	19	10	1	12	8
23	13	25	2	12	20	7	9	14	17	4	10	1	5	15	19	11	3	18	8	21	24	6	22	16
14	1	10	18	11	4	12	8	24	22	21	6	19	25	20	13	16	2	17	9	23	7	5	15	3
8	19	6	24	15	13	21	16	11	5	17	2	3	23	7	1	12	10	22	20	14	9	18	4	25
21	5	9	7	16	1	10	3	25	19	18	8	14	12	22	23	6	24	15	4	20	17	11	13	2

Megasudoku answers

22	9	25	12	6	5	20	15	11	14	8	3	13	4	10	24	18	1	23	7	19	17	16	21	2
23	8	5	3	7	25	1	22	2	10	21	6	17	19	16	13	20	9	15	4	11	14	12	24	18
2	1	18	20	17	13	21	4	9	12	15	7	22	24	23	19	14	16	5	11	25	6	3	10	8
15	11	13	21	16	19	17	23	24	18	14	25	5	12	20	2	8	3	10	6	4	9	22	1	7
24	19	4	14	10	16	8	6	7	3	11	18	9	2	1	17	12	22	25	21	13	15	23	5	20
11	13	6	9	24	7	14	12	3	16	22	15	2	18	4	25	21	8	17	23	1	10	5	20	19
1	16	14	22	25	15	23	10	20	5	17	21	12	11	19	7	2	4	18	24	9	13	8	3	6
4	12	15	7	3	2	24	8	21	13	16	23	6	20	25	9	10	5	1	19	22	11	18	14	17
18	23	19	2	5	1	22	25	17	6	10	8	24	9	3	14	13	20	11	16	15	4	21	7	12
10	21	20	17	8	18	4	9	19	11	7	13	1	5	14	22	3	15	6	12	16	25	2	23	24
17	10	7	23	1	14	9	24	6	20	2	19	21	3	12	8	11	13	4	22	5	16	15	18	25
21	4	22	15	11	8	19	13	18	25	20	16	14	10	5	3	1	2	24	17	7	23	6	12	9
16	5	3	8	9	10	15	2	22	4	13	17	18	6	7	20	19	23	12	25	14	24	1	11	21
12	25	2	6	18	11	3	16	23	17	9	24	15	1	22	5	7	10	21	14	8	20	19	4	13
14	20	24	13	19	12	7	21	5	1	23	4	8	25	11	18	9	6	16	15	3	22	17	2	10
19	2	17	18	20	21	10	3	14	22	1	5	16	7	6	4	24	11	8	9	23	12	13	25	15
8	6	9	4	23	24	12	5	1	15	3	11	25	13	21	10	17	14	19	20	18	2	7	22	16
7	15	10	1	13	17	6	18	16	9	19	14	20	22	24	23	25	12	2	3	21	5	4	8	11
5	3	12	11	22	23	25	7	4	2	18	9	10	8	15	6	16	21	13	1	20	19	24	17	14
25	24	21	16	14	20	11	19	13	8	12	2	4	23	17	15	5	7	22	18	6	1	10	9	3
20	7	23	24	2	4	16	17	25	21	5	10	19	14	13	1	15	18	9	8	12	3	11	6	22
6	22	8	25	4	9	13	11	12	7	24	1	3	21	2	16	23	19	14	10	17	18	20	15	5
13	18	11	19	21	22	2	1	15	23	25	20	7	17	9	12	6	24	3	5	10	8	14	16	4
9	14	16	5	12	3	18	20	10	19	6	22	23	15	8	11	4	17	7	2	24	21	25	13	1
3	17	1	10	15	6	5	14	8	24	4	12	11	16	18	21	22	25	20	13	2	7	9	19	23

8	9	16	2	12	21	15	23	6	7	19	25	1	17	11	24	4	20	14	3	5	10	18	13	22
5	18	24	22	11	19	16	4	20	25	7	15	2	13	8	10	17	1	23	12	6	21	14	9	3
4	21	23	13	19	17	10	2	9	1	18	14	3	22	6	5	7	8	11	16	15	20	12	25	24
6	15	1	20	14	18	5	3	22	13	10	24	4	16	12	19	21	9	25	2	8	7	23	17	11
3	7	10	25	17	14	8	24	11	12	20	21	5	23	9	15	13	18	6	22	16	2	4	19	1
13	17	7	3	8	4	19	20	5	21	22	11	6	15	2	9	23	16	24	18	10	25	1	12	14
2	23	5	15	24	25	6	10	14	18	13	19	7	21	16	12	1	4	3	11	9	22	17	8	20
19	6	12	14	16	13	11	22	3	9	17	1	8	4	20	2	10	25	21	7	24	23	5	15	18
21	22	25	4	10	8	17	15	1	2	12	18	9	24	23	13	5	6	20	14	11	3	19	16	7
9	11	18	1	20	12	23	7	24	16	3	5	10	14	25	22	8	15	19	17	4	13	6	21	2
14	4	15	10	21	9	13	25	8	20	6	3	11	19	7	1	12	24	16	5	2	17	22	18	23
16	5	13	8	2	1	22	14	15	23	24	20	12	18	17	21	25	11	7	4	3	19	9	6	10
11	24	6	12	7	3	18	5	10	17	23	2	13	25	4	8	22	19	9	15	20	14	16	1	21
17	19	3	9	1	24	12	6	16	11	5	22	14	10	21	20	2	13	18	23	7	8	15	4	25
22	25	20	23	18	2	21	19	7	4	8	16	15	9	1	17	3	14	10	6	12	24	11	5	13
10	14	21	17	6	22	9	8	18	3	15	23	16	11	5	25	24	2	4	19	13	1	20	7	12
23	13	8	24	15	7	20	11	12	19	2	4	17	1	14	6	18	10	5	21	25	9	3	22	16
7	16	4	5	25	10	2	1	23	24	21	13	18	12	22	3	20	17	15	9	14	6	8	11	19
1	20	9	18	22	6	14	17	13	5	25	10	19	7	3	11	16	23	12	8	21	4	2	24	15
12	2	19	11	3	16	25	21	4	15	9	8	20	6	24	7	14	22	1	13	17	18	10	23	5
18	8	17	16	5	11	24	13	19	14	4	7	21	2	10	23	6	12	22	20	1	15	25	3	9
25	12	14	6	23	15	3	9	21	8	1	17	22	20	19	16	11	7	2	24	18	5	13	10	4
24	1	11	7	9	20	4	16	25	22	14	6	23	5	13	18	15	3	17	10	19	12	21	2	8
20	10	22	19	13	5	1	18	2	6	16	12	24	3	15	4	9	21	8	25	23	11	7	14	17
15	3	2	21	4	23	7	12	17	10	11	9	25	8	18	14	19	5	13	1	22	16	24	20	6

Megasudoku answers

4	19	24	7	11	2	18	1	16	17	14	25	22	10	3	23	6	21	13	20	15	8	5	9	12
9	16	18	12	20	23	5	19	13	15	1	24	2	21	4	17	22	8	25	7	14	11	3	10	6
6	2	17	15	21	10	7	22	9	8	19	12	5	11	23	3	24	14	16	4	20	13	18	1	25
10	13	14	1	23	3	24	20	12	25	8	16	6	17	18	9	15	11	19	5	22	21	4	7	2
3	22	25	8	5	21	6	4	14	11	15	9	20	13	7	18	1	10	12	2	16	24	23	19	17
2	12	5	25	17	13	8	6	4	19	23	15	21	18	1	16	3	24	11	9	10	14	22	20	7
22	24	1	16	19	14	25	3	10	2	5	8	11	20	9	21	13	7	17	18	23	4	6	12	15
13	6	4	11	10	20	22	9	18	24	2	17	12	7	16	1	8	23	15	14	25	19	21	3	5
7	14	23	3	8	15	21	16	1	12	4	6	25	24	13	10	5	20	22	19	18	2	11	17	9
15	20	21	9	18	11	23	5	17	7	22	10	3	19	14	12	25	4	2	6	8	16	1	13	24
18	17	7	13	6	1	20	12	23	10	24	19	4	3	22	11	14	25	21	16	9	5	15	2	8
24	9	8	14	4	22	11	18	3	6	21	2	16	15	25	5	12	13	20	1	17	7	10	23	19
1	23	2	22	3	16	4	17	5	21	6	18	7	14	8	19	9	15	10	24	11	20	12	25	13
21	11	16	5	15	19	14	25	7	9	13	20	10	23	12	2	17	6	4	8	1	22	24	18	3
25	10	20	19	12	8	2	15	24	13	17	1	9	5	11	7	23	22	18	3	21	6	16	4	14
20	5	22	24	1	12	17	13	25	3	11	7	14	2	19	15	18	16	6	23	4	9	8	21	10
8	3	10	21	14	5	9	11	2	22	25	23	18	6	17	4	20	12	24	13	7	1	19	15	16
11	18	12	2	9	4	10	21	15	16	3	13	24	8	20	14	19	1	7	25	5	23	17	6	22
16	7	15	17	25	18	19	8	6	23	12	21	1	4	10	22	2	5	9	11	13	3	14	24	20
19	4	6	23	13	7	1	24	20	14	16	22	15	9	5	8	21	17	3	10	2	12	25	11	18
12	15	19	6	7	9	16	14	8	1	10	5	13	25	21	24	11	2	23	17	3	18	20	22	4
14	21	13	10	24	6	12	7	22	18	20	11	8	1	2	25	4	3	5	15	19	17	9	16	23
5	25	9	4	2	24	13	23	11	20	18	3	17	22	15	6	16	19	14	21	12	10	7	8	1
17	1	11	20	16	25	3	10	19	4	9	14	23	12	24	13	7	18	8	22	6	15	2	5	21
23	8	3	18	22	17	15	2	21	5	7	4	19	16	6	20	10	9	1	12	24	25	13	14	11

Acknowledgments

Executive Editor: Trevor Davies
Managing Editor: Clare Churly
Executive Art Editor: Darren Southern
Designer: Grade Design, London
Production Manager: Ian Paton